C.H.BECK ◨ WISSEN

in der Beck'schen Reihe

W0189681

Diese kleine Geschichte des 20. Jahrhunderts beschreibt den Weg der Deutschen von der obrigkeitsstaatlich geprägten Monarchie zur fest im Westen verankerten demokratischen und sozialen Republik. Dazwischen liegen jene Erfahrungen, die für die deutsche und europäische Geschichte des 20. Jahrhunderts prägend geworden sind: Weltkrieg und Demokratieverlust, Diktatur und Verbrechen, Teilung und Wiedervereinigung. Andreas Wirschings Darstellung stellt leitmotivisch die Frage nach einem deutschen „Sonderweg" und widmet dabei den langfristigen und häufig widersprüchlichen gesellschaftlichen Entwicklungen besondere Beachtung.

Andreas Wirsching, geb. 1959, ist Professor für Neuere und Neueste Geschichte an der Universität Augsburg. Zuletzt erschien von ihm der Band „Die Weimarer Republik. Politik und Gesellschaft" (2000).

Andreas Wirsching

DEUTSCHE GESCHICHTE IM 20. JAHRHUNDERT

Verlag C.H.Beck

1. Auflage. 2001
2. Auflage. 2005

3. Auflage. 2011

Originalausgabe
© Verlag C.H.Beck oHG, München 2001
Satz, Druck u. Bindung: Druckerei C.H.Beck, Nördlingen
Umschlagentwurf: Uwe Göbel, München
Printed in Germany
ISBN 978 3 406 44765 5

www.beck.de

Inhalt

Vorwort

Gerade erst ist das 20. Jahrhundert zu Ende gegangen. Eine „Deutsche Geschichte" über diese Zeit zu schreiben ist daher ein nicht unbeträchtliches Risiko, und dies gilt um so mehr, wenn sie auf knappstem Raum abgehandelt werden muß. Jeder Kenner wird daher unvermeidlich auf den folgenden Blättern eine Fülle von Ungesagtem vermissen und zugleich manches als allzu holzschnittartig, vielleicht auch einseitig beklagen. Gleichwohl hoffe ich, daß die kleine Schrift ihren Zweck erfüllt, indem sie gewisse Basisinformationen vermittelt und zugleich einige Interpretationsmöglichkeiten aufweist.

In erster Linie danke ich Dr. Detlef Felken vom C.H. Beck Verlag dafür, daß er mich zu diesem Versuch ermutigt und das Manuskript mit vorbildlicher Sorgfalt lektoriert hat. Der Mühe, eine erste Fassung zu lesen, unterzog sich Dr. Volker Dotterweich (Augsburg), dem ich für seine kritischen Anregungen sehr danke. Heike Veh-Agbeille bin ich für ihre stetige engagierte Mitarbeit und Unterstützung sehr verbunden. Schließlich danke ich meiner Mutter, Rosemarie Wirsching, für das Mitlesen der Korrekturen.

Augsburg, im Februar 2001   *Andreas Wirsching*

I. Ein deutscher „Sonderweg"
in das 20. Jahrhundert? Strukturprobleme
des wilhelminischen Deutschland

Gab es einen deutschen „Sonderweg" in die Moderne? In der Geschichtswissenschaft der siebziger und frühen achtziger Jahre war dies eine stark umstrittene Frage. Zu Beginn des 20. Jahrhunderts aber hätte sie die Mehrzahl der gebildeten Deutschen wohl bejaht. Nur eine Minderheit hielt die Methoden der westlichen Demokratie für geeignet, um die Probleme der modernen Gesellschaft in Deutschland politisch, sozial und kulturell zu bewältigen. Die Mehrheit erblickte dagegen in der westlichen Zivilisation Züge der Dekadenz und der materialistischen Maßlosigkeit. Der preußisch-deutsche „Beruf" schien es demgegenüber zu sein, eine neue Synthese aus Kultur und Macht, aus Autorität und Freiheit, aus Tradition und Moderne zu schmieden, der die Zukunft gehören würde. Die ideologische Klammer dieser Synthese bildete die Nation: Ihre Einheit galt es in einem starken Staat zu sichern, um kommende Herausforderungen zu meistern und den Deutschen ihren wohlverdienten „Platz an der Sonne" zu sichern.

Seine geistesgeschichtlichen Wurzeln besaß das Konstrukt eines solchen deutschen Eigenweges u.a. im Historismus, der das Besondere, das Individuelle gegenüber dem Allgemeinen betonte. Darüber hinaus aber läßt es sich als Reflex eines tiefen Mißtrauens begreifen, das große Teile der deutschen Eliten ganz grundsätzlich gegen den Interessenpluralismus der modernen industriellen Massengesellschaft hegten. Allzu leicht schienen Demokratie und Parlamentarismus zur Plutokratie und zum Parteienegoismus zu degenerieren; allzu offenkundig schienen die Organisation konkurrierender Einzelinteressen und deren kollektiver Austrag den materialistischen Ungeist der Zeit widerzuspiegeln. Auch hiergegen half die Vorstellung eines starken Staates: Repräsentiert in der Monarchie, fungierte er als der „überparteiliche" Sachwalter des Allgemeinwohls, das er gegen jede Form des gesellschaftlichen Partikularismus zu schützen hatte. Schließlich verriet ein solches Verständnis von Nation und Geschichte auch die tiefsitzende Angst vor der politischen Zerreißung von Volk und Staat durch innere Konflikte, seien sie sozialer oder weltanschaulicher, landsmannschaftlicher oder konfessioneller Art. Zu jung war dieser deutsche Nationalstaat noch zu Beginn des 20. Jahrhunderts, als daß man ihn als unverrückbar gegebene historische Größe hätte ansehen können. Lauerte nicht hinter dem Pomp der äußeren Machtentfaltung jederzeit die Möglichkeit geschichtlicher Revision? Übertünchte nicht der Glanz des wilhelminischen Deutschland die tiefen Risse seiner sozialen, kulturellen und politischen Architektur?

Tatsächlich ist es leicht, das wilhelminische Reich aufgrund seiner inneren Widersprüche einer schonungslosen Ideologiekritik zu unterwerfen. Schon nicht wenige Zeitgenossen taten dies und betrachteten die „Großmacht ohne Staatsidee" (H. Plessner) mit kritischer Distanz. Wenn es für viele den Anschein haben mochte, im Kaiserreich sei die Synthese von Macht und Geist zur Vollkommenheit gebracht – man denke nur an den unerhörten Aufschwung der deutschen Universität und Wissenschaft –, so blieb dem aufmerksamen Beobachter doch nicht verborgen, daß sich die Gewichte zunehmend von der Kultur auf den Machtgedanken verlagerten. Friedrich Meinecke hat rückblickend geradezu von der „Entartung" des deutschen Bürgertums gesprochen, das seine eigene sittliche und geistige Herkunft verleugnet habe. Und gewiß bildeten ein übersteigerter Machtstaatsgedanke und ein aggressiver Nationalismus feste Bestandteile der politischen Kultur des Wilhelminismus. Daraus erklärt sich auch das Leiden an ihr. Ein Mann wie Theodor Mommsen z. B. ist daran fast zerbrochen: Einst beteiligt an der Revolution von 1848, eine der größten Gestalten der deutschen Wissenschaft des 19. Jahrhunderts, Nobelpreisträger für Literatur, wollte er im Grunde doch etwas anderes sein. „Animal politicum" in seinem Innersten, blieb er den bürgerlich-liberalen Idealen seiner Jugend treu und litt folglich bis zur Depression unter der politischen Wirklichkeit. In seinem politischen Testament von 1899 bekannte Mommsen: „Ich [...] wünschte ein Bürger zu sein. Das ist nicht möglich in unserer Nation, bei der der Einzelne, auch der Beste, über den Dienst im Gliede und den politischen Fetischismus nicht hinauskommt." Mit dem Volk, dem er angehörte, fühlte sich Mommsen innerlich entzweit. Er verfügte die Verschließung seines Nachlasses, damit seine Persönlichkeit nicht vor ein Publikum trete, „vor dem mir die Achtung fehlt".

Mommsen ist sicher kein repräsentatives, aber doch ein bezeichnendes Beispiel. Die erstrebte Synthese aus Macht und Kultur zerbrach, mußte zerbrechen in einer Zeit, die von so rapiden gesellschaftlichen, wirtschaftlichen und technischen Veränderungen gekennzeichnet war. Denn auch dies gehört zur historischen Bilanz des Kaiserreiches: Man darf den riesigen Veränderungs- und Anpassungsdruck nicht vergessen, dem die wilhelminische Generation ausgesetzt war. Von allen großen europäischen Nationen erfuhr Deutschland den raschesten Wandel und die tiefsten Gegensätze. Innerhalb weniger Jahrzehnte erfolgte der Übergang vom Agrarstaat zum Industriestaat; innerhalb eines Menschenalters veränderten sich Landschaft, Arbeitswelt, soziale Beziehungen, moralische Bindungen, politische Konstellationen. „Es geht", so konstatierte Friedrich Naumann im Jahre 1904, „bis in jeden Kopf hinein der Zwang zur Umgestaltung alter Gedanken, der Drang, aus den alten Verhältnissen herauszukommen." Vielleicht darf es daher nicht überraschen, daß ein Teil der deutschen „Übergangsmenschen", wie man die wilhelminische Generation genannt hat (Martin Doerry), von dieser Anpassungsarbeit überfordert war. Machtstaat und Volk konnten deshalb leicht zu einer Art Ersatzreligion werden in einer Welt, in der immer mehr überkommene Werte fragwürdig wurden und immer weniger feste Orientierungsmaßstäbe galten.

Einen Eindruck vom Wandel, von der politischen Vielgestaltigkeit und den Gegensätzen der deutschen Verhältnisse vermittelt ein Blick auf den letzten Vorkriegsreichstag, der im Jahre 1912 gewählt wurde. Fast 84,9 % der Wahlberechtigten gaben ihre Stimme ab, mehr als je zuvor in der Geschichte des Kaiserreiches. Diese hohe Wahlbeteiligung weist auf den Grad politischer Mobilisierung und Partizipation hin, den das demokratische Element der Reichsverfassung, das allgemeine gleiche (Männer-)Wahlrecht, förderte. Sensationell aber war das Wahlergebnis der Sozialdemokratie. Die einstmals geächtete Partei, deren Mitglieder als „Reichsfeinde" angeprangert worden waren, avancierte zur stärksten Fraktion des Reichstags. 34,8 % der Stimmen und 110 der insgesamt 397 Mandate fielen den Sozialdemokraten zu. Ihre Wähler rekrutierten sich ganz überwiegend aus der Industriearbeiterschaft der großen Städte und Industriezentren. So gab es sozialdemokratische Hochburgen in Hamburg, Berlin und Teilen Sachsens, in denen mehr als 60 % der Wähler der Sozialdemokratie ihre Stimme gaben; und es gab Wahlkreise, auf dem Land, in Kleinstädten, in katholischen Gebieten, in denen die SPD deutlich unter 10 % blieb. Die Sozialdemokratie war unangefochten die politische Organisation der Arbeiterbewegung, und ihr Anstieg von ca. 350 000 Wählern im Jahre 1874 auf 4,25 Millionen Wähler im Jahre 1912 signalisiert zugleich den rasanten Strukturwandel der deutschen Wirtschaft im Zeichen von Industrialisierung und Urbanisierung.

Erstmals kam es bei den Reichstagswahlen von 1912 auch zu Wahlabsprachen zwischen Sozialdemokraten und Linksliberalen. Zwar stießen diese Absprachen auf beiden Seiten nicht immer auf Gegenliebe; aber sie weisen doch auf eine Verbindung hin, die künftig ein wichtiges, wenn auch in seiner Durchschlagskraft begrenztes politisches Potential bilden sollte: Zwischen 1912 und 1930 stellte die Zusammenarbeit zwischen demokratischem Bürgertum und reformorientierter Arbeiterbewegung immer wieder einen parlamentarisch-politischen Kristallisationspunkt dar, mit dem sich die Hoffnung auf organische Fortentwicklung des Bestehenden, auf Parlamentarisierung und Demokratisierung, verband.

Die Partei der Linksliberalen war die 1910 aus mehreren Vorgängerorganisationen neugegründete Fortschrittliche Volkspartei. Bei den Reichstagswahlen 1912 kam sie auf 12,3 % der gültigen Stimmen und auf 42 Mandate. Ihre Anhänger rekrutierte sie überwiegend aus dem akademisch gebildeten Bürgertum; Professoren, Beamte, Rechtsanwälte und andere Freiberufler waren überproportional vertreten. Von der liberalen Schwesterpartei, den Nationalliberalen, unterschied sich die Fortschrittspartei weniger in ihrer sozialen Struktur als durch ihre konsequente Betonung des wirtschaftlichen Liberalismus und vor allem durch die Forderung nach einer stärkeren Stellung des Reichstages. Hinzu trat die Einsicht in die Notwendigkeit einer begrenzten sozialstaatlichen Transformation des klassischen Liberalismus. Aus Sicht des Fortschritts reichte die freie Entfaltung des Individuums als politisches Credo nicht aus, wenn der großen Masse die hierfür notwendigen materiellen und edukativen Mittel nicht zur Verfügung standen. Liberaler Imperialismus und „Weltpolitik", Fortentwicklung des Parlamentarismus und sozialstaatliche Intervention bildeten mithin die Hauptpunkte eines Programms, das mit den reformorientierten Kräften der Sozialdemokratie nicht wenige Berührungspunkte aufwies. Anders dagegen die Nationalliberalen: In ihrer sozialen Basis sich nur wenig vom Fortschritt unterscheidend, verfolgten sie eine strikt antisozialistische Linie, lehnten eine Parlamentarisierung des Reiches ganz überwiegend ab und waren in wesentlichen Fragen den Konservativen gegenüber offen. 1912 erhielt die Nationalliberale Partei 13,6 % der abgegebenen Stimmen und 45 Mandate.

Die konservativen Parteien erreichten 1912 mit zusammen 12,7 % ihr schlechtestes Ergebnis in der Geschichte des Kaiserreiches. Nur dank der Wahlkreiseinteilung, welche die bevölkerungsarmen Regionen bevorzugte, erhielten Deutsch-Konservative und Freikonservative zusammen immerhin noch 57 Reichstagsmandate. Endpunkt einer langanhaltenden Abwärtsbewegung, offenbarte das Ergebnis von 1912 die schwindende Integrations- und Mobilisierungskraft des adligen Großgrundbesitzes wie des agrarischen Deutschland insgesamt. Daraus erklärt sich denn auch maßgeblich die grundsätzliche und in Friedenszeiten nicht zu überwindende Reformfeindschaft des preußisch-deutschen Konservativismus im Kaiserreich. Die Konservativen verfolgten eine antiparlamentarische, antisozialistische und antiliberale Politik. Im demokratisch gewählten Reichstag nahmen sie ihre daraus folgende zunehmende Isolation in Kauf und zogen sich auf die Vielzahl der ihnen gleichwohl verbleibenden gesellschaftlichen und politischen Machtpositionen zurück – im preußischen Staat, im Umkreis der Monarchie, im Militär, in der hohen Beamtenschaft.

Die parlamentarische Schlüsselposition schließlich besaß im Reichstag seit Beginn des Jahrhunderts die Zentrumspartei. Mit der Partei des politischen Katholizismus ist zugleich eine Besonderheit des deutschen Parteiensystems benannt, die dem Parlamentarismus in Deutschland bis 1933 einen unverwechselbaren Charakter verlieh. 1871 als politische Interessenvertretung der Katholiken gegründet, die sich im kleindeutschen Bismarckreich unvermittelt in einer konfessionellen Minderheitenposition fanden, erfüllte das Zentrum zunächst – hierin der Sozialdemokratie ähnlich – die Funktion einer strukturellen Oppositionspartei. Wie bei der Sozialdemokratie ging dies mit dem Ausbau eines dichten Netzes von Vereinen und sonstigen katholischen Milieuorganisationen einher, die den einzelnen „von der Wiege bis zur Bahre" begleiteten. Doch seit den 1890er Jahren wurde aus der ehemaligen Oppositionspartei – „Reichsfeinde" wie die Sozialdemokraten – allmählich eine regierungsstützende Partei, die sich zur Zusammenarbeit mit Konservativen und Nationalliberalen bereitfand. Seit 1909 fand die Reichsleitung ihre parlamentarischen Mehrheiten im „schwarz-blauen" Block aus Konservativen und Zentrum. 1912 freilich erlitt das Zentrum erhebliche Verluste: Es sank von 19,4 auf 16,4% der Wählerstimmen und erreichte nur noch 91 Mandate (1907: 105). Zwar war das Zentrum als einzige deutsche Partei auf die soziale Integration seiner heterogenen Anhängerschaft verpflichtet; zugleich aber setzte die strikt konfessionelle und damit auch geographische Gebundenheit seinen politischen Entfaltungsmöglichkeiten Grenzen. Die Forderung des bedeutenden Zentrums-Publizisten Julius Bachem, „aus dem Turm heraus" zu gehen und sich nicht-katholischen Wählerschichten zu öffnen, blieb unerfüllt; bis 1933 blieb das Zentrum eine rein katholische Partei.

Wie in einem Brennglas bündeln sich in diesem letzten kaiserlichen Reichstag die schwerwiegenden Gegensätze, die politischen Blockaden, aber auch die Entwicklungschancen des wilhelminischen Deutschland. Man denke nur an die Polarisierung zwischen modernen Industriegebieten an Rhein und Ruhr, in Sachsen, in Südwestdeutschland oder in Berlin einerseits und dem agrarischen Ostelbien andererseits: Zwischen dem rheinischen Industriellen und dem ostpreußischen Rittergutsbesitzer lagen nicht nur rund 1000 Kilometer Entfernung, sondern auch in kultureller Hinsicht Welten. Ebenso unaufhaltsam wie unwiderruflich verlagerte sich der soziale und ökonomische Schwerpunkt des Kaiserreiches von der Landwirtschaft zur Industrie, vom Land in die Stadt. Bezogen im Jahre 1882 noch 41,6 % der Gesamtbevölkerung ihr Auskommen aus der Landwirtschaft, so waren es 1907 nur noch 28,4 %. Im gleichen Zeitraum stieg der Anteil der in der Industrie Erwerbstätigen und ihrer Angehörigen von 34,8 auf 42,2 %. Und lebten zur Zeit der Reichsgründung nur knapp 2 Millionen Menschen in Großstädten mit mehr als 100 000 Einwohnern, so waren es 1910 schon fast 14 Millionen.

Damit verband sich als weiteres Produkt der Industrialisierung der in Deutschland besonders ausgeprägte Klassengegensatz. Für weiteste Kreise des deutschen Bürgertums sowie für die ländliche Aristokratie stellte die Existenz der weltweit größten und bestorganisierten Arbeiterbewegung eine fundamentale Bedrohung dar. „Unvergessen" blieb dem 1862 geborenen Friedrich Meinecke „der kindliche Schauer, als ich beim Ausgang der Gründerzeit auf dem Schulwege [...] einmal durch Massen streikender, finster blickender Arbeiter mich hindurchdrängen mußte". Und stellte nicht die Arbeiterbewegung tatsächlich alles, was dem Bürger heilig war, radikal in Frage? Bürgerlichem Individualismus und Ordnungsdenken setzte sie Kollektivismus und Klassenkampf entgegen; statt auf nationale Einheit und Stärke pochte sie auf proletarischen Internationalismus. Freiheit und Einheit Deutschlands – die politischen Leitmotive des Bürgertums – schienen durch beides in höchstem Maße gefährdet. Umgekehrt ließen sich viele

13

Unternehmer durch ein verengtes Klasseninteresse und durch einen kompromißlosen „Herr-im-Hause"-Standpunkt leiten. Gewerkschaften und Sozialdemokratie konnten aus dieser Sicht nur Gegner, keinesfalls aber potentielle Partner sein.

Trotz fortschreitender Säkularisierung spielte schließlich der religiös-kirchliche Faktor nach wie vor eine zentrale Rolle. Der Kulturkampf der 1870er Jahre hatte das zur Genüge bewiesen, aber auch in der Folgezeit trennte eine Mauer gegenseitigen Mißtrauens das evangelische und das katholische Deutschland. Der Vorwurf „ultramontaner" Tendenzen auf der einen, Furcht vor kultureller Dominanz auf der anderen Seite führten immer wieder zu erbitterten Auseinandersetzungen zwischen den Konfessionen. Der ohnehin schwierigen gesellschaftlichen Integration wie dem parlamentarischen Konfliktaustrag stellten sich dadurch zusätzliche kulturelle Hürden in den Weg. Doch auch über den konfessionellen Dissens hinaus neigten die deutschen Parteien bzw. politischen Lager zum Doktrinarismus. Nicht zufällig war Deutschland das Land des orthodoxen Marxismus. Die Zerklüftung der Klassengesellschaft adelte der Marxismus mit einem geschichtsmetaphysischen „Überbau", der seine Ursprünge in Hegelscher Dialektik nicht verbergen konnte. Sicher haben auch die nicht endenden ideologischen Auseinandersetzungen, der Streit um den Revisionismus, das steigende Gewicht des linken Flügels die Integration der Sozialdemokratie in die politische Kultur des Kaiserreichs erschwert.

Tatsächlich erwiesen sich die Deutschen als besonders anfällig für Ideologien, die im Namen von Philosophie und Wissenschaft auftraten. Das Deutsche Reich litt unter einem Mangel an Traditionen, der ein übermäßiges „Bedürfnis nach geschichtlicher Rechtfertigung des Lebens" (H. Plessner) hervorbrachte. Hierin trat der Umstand zutage, daß es dem 1871 gegründeten deutschen Nationalstaat an einer gemeinsam durchlebten – und durchlittenen – Geschichte mangelte. Tatsächlich besaßen die Deutschen – anders als Engländer und Franzosen – keine Geschichte, die sich im Sinne einer „Whig Interpretation of History", das heißt als lineare Fortschrittsgeschichte, interpretieren und auch ideologisieren ließ. An ihre Stelle traten allzu oft Utopismus, Doktrinarismus oder auch atavistische Vorstellungen. Oder es blieben die nackten Interessengegensätze übrig, die sich durch keinen gemeinsamen kulturellen Nenner transzendieren ließen.

Wesentliche Elemente eines deutschen „Sonderweges" in das 20. Jahrhundert resultierten also aus den genannten Strukturproblemen, die das Kaiserreich in seinem Innern auszutarieren hatte. Zwar waren diese Probleme im europäischen Vergleich keineswegs singulär; aber in der unerbittlichen *Gleichzeitigkeit* ihrer Gegensätze, liegt das Besondere der deutschen Geschichte. Das wie Deutschland von tiefen Klassengegensätzen zerklüftete England verfügte demgegenüber nicht nur über eine jahrhundertealte nationalstaatliche Tradition, sondern auch über ein langbewährtes parlamentarisches System. Und das wie Deutschland ebenfalls von tiefen ideologischen Gegensätzen gezeichnete Frankreich kannte dagegen keine auch nur annähernd so stürmisch verlaufende industrielle Entwicklung wie der östliche Nachbar. Demgegenüber hatte das deutsche Kaiserreich als einziges großes europäisches Land – neben Italien – die epochenspezifischen Modernisierungsprobleme der Nationsbildung, der Industrialisierung wie der Konstitutionalisierung *gleichzeitig* zu lösen.

Angesichts dieser Gleichzeitigkeit ökonomischer, gesellschaftlicher und kultureller Gegensätze drohten im wilhelminischen Deutschland politische Blockaden. Seit dem späten Kaiserreich standen sich in Deutschland zwei ungefähr gleich starke politische Lager gegenüber, welche die gesellschaftlichen Widersprüche abbildeten: Zum einen ein Linksblock, bestehend aus der Sozialdemokratie und dem Linksliberalismus, der programmatisch auf Parlamentarisierung, Demokratie und Sozialstaatlichkeit verpflichtet war. Zum anderen ein Rechtsblock, bestehend aus Konservativismus und Nationalliberalismus, der das parlamentarische System im Grundsatz ablehnte und die Arbeiterbewegung bekämpfte. Dazwischen stand das katholische Zentrum. Mit einem rechten und einem linken Flügel ragte es in beide Blöcke hinein und blieb daher auch mit beiden koalitionsfähig. Tatsächlich mangelte es dem Konstitutionalismus des Kaiserreiches an einer klaren Ausdifferenzierung zwischen Regierungs- und Oppositionsparteien sowie dem regelmäßigen politischen Pendelschlag zwischen ihnen. Die statt dessen existierenden politischen Lager waren für sich genommen zu schwach, um mehrheitsfähig zu sein, jedoch stark genug, um sich gegenseitig zu blockieren.

Die Verfassung des Kaiserreiches und ihre Entwicklung seit 1871 förderten solche politischen Blockaden mehr, als daß sie ihnen entgegengewirkt hätten. Verfassungspolitisch litt das Bismarckreich an seiner komplizierten Kompromißstruktur. In der Anfangszeit konnten die daraus resultierenden Probleme vielleicht noch von der großen Persönlichkeit des Reichsgründers aufgefangen werden; doch schon seit den 1880er Jahren, erst recht nach Bismarcks Entlassung und unter den gewandelten Verhältnissen des Wilhelminismus stellte sich je länger desto mehr die Frage nach der Regierbarkeit des Reiches.

Das verfassungspolitische Kernproblem des Kaiserreiches lag in der Verknüpfung dreier Prinzipien, die auf die Dauer schlecht miteinander harmonierten. Dem monarchischen Prinzip, repräsentiert vor allem durch den Kaiser und die von ihm ernannte „Reichsleitung", stellte die Verfassung, in Gestalt des Reichstages, das demokratisch-parlamentarische Prinzip entgegen. Zwar war der Reichstag im Kaiserreich keine *quantité négligeable*. Keineswegs konnte an ihm vorbei regiert werden oder ganz ohne ihn wie zu Zeiten des preußischen Verfassungskonfliktes ohne das Abgeordnetenhaus. Zur Feststellung des Haushaltes und bei der Gesetzgebung blieb die kaiserliche Regierung unabweislich auf die Zustimmung des Reichstages angewiesen. Aber der Reichstag und seine Abgeordneten konnten die Regierung nicht selbst stellen. Anders als es in einer parlamentarischen Monarchie wie der englischen der Fall gewesen wäre, brauchte der Reichskanzler zu seiner Amtsführung nicht das Vertrauen des Reichstages. Darüber hinaus war den Reichstagsabgeordneten durch den Inkompatibilitätsartikel der Reichsverfassung auch die Ausübung eines Regierungsamtes verwehrt (Art. 21 RV). In der

Praxis richtete dies zwischen Exekutive und Legislative eine unübersteigbare Mauer auf und hinderte den Reichstag daran, aus sich selbst heraus die politische Funktionselite zu stellen.

Hinzu trat aber noch ein drittes Prinzip, auf dem die Reichsverfassung ruhte, nämlich das staatenbündische. Staatsrechtlich war das Kaiserreich ein Fürstenbund, bei dem, theoretisch zumindest, auch die Souveränität lag. Als Organ dieser Souveränität hatte der Bundesrat weitaus größeres Gewicht als eine bloße Länderkammer. Und dominiert wurde diese staatenbündische Verklammerung von Reich und Ländern durch die preußische Monarchie: Im Bundesrat führte Preußen den Vorsitz und besaß eine Veto-Position, während die preußische Landesverfassung selbst auf dem vordemokratischen Dreiklassenwahlrecht beruhte. Ein nicht unerheblicher Teil der obrigkeitsstaatlichen Elemente des Kaiserreiches lag mithin in dieser verfassungsrechtlichen Dominanz Preußens begründet. Im Ergebnis bestand also nicht nur ein institutionalisierter Dualismus zwischen Reichstag und Regierung, sondern auch ein Dualismus zwischen Reichsgewalt und demokratisch nicht legitimierter, preußisch dominierter Ländermacht. Beides blockierte auf die Dauer eine organische politische Willensbildung.

Mit Blick auf den unausgetragenen Verfassungskompromiß des Kaiserreiches läßt sich durchaus von einem deutschen „Sonderweg" ins 20. Jahrhundert sprechen. Dem neuen Jahrhundert hinterließ er ein Erbteil der absoluten Monarchie, das erhebliche Bereiche politischer Macht, insbesondere im Militärwesen, dem parlamentarischen Einfluß entzog und der zivilen Gewalt die volle Regierungsverantwortung vorenthielt. Angesichts eines offensichtlich nicht zu durchbrechenden verfassungspolitischen Patts blieben die deutschen Parteien in ihrer Entwicklung langfristig beeinträchtigt. Gegenüber einer „neutralen" Staatsgewalt verstanden sie sich primär als Vertreter begrenzter gesellschaftlicher Interessen und weltanschaulicher Überzeugungen, nicht aber als legitime Mandatare der politischen Willensbildung. Tatsache bleibt daher: Zu einer Selbstreform sind das Reich und seine Eliten nicht in der Lage gewesen. Erst in den letzten Wochen des Weltkrieges, unter dem Eindruck der unausweichlichen Niederlage und nicht ohne erheblichen äußeren Druck, machten die „Oktoberreformen" die Regierung vom Vertrauen des Reichstags abhängig. Aber es war zu spät: Aus der Reform wurde die Revolution, die über das Kaiserreich scheinbar mühelos hinwegschritt.

Angesichts sozialer Zerrissenheit, kultureller Gegensätze und politischer Blockaden suchten die Deutschen im Kaiserreich nach integrierenden Klammern, die ihrer politischen Existenz Sinn und Form gaben, Weg und Ziel offenbarten. Sozialdemokraten und Katholiken fanden solche Klammern teilweise in der „negativen Integration" (D. Groh) ihrer Milieuorganisationen. Evangelisches Bürgertum und Aristokratie fanden sie in der Monarchie und im Gedanken des nationalen Machtstaates. Gewiß war die Figur des Diederich Heßling in Heinrich Manns Roman „Der Untertan" eine satirische Überspitzung. Aber eine politische Sinnerfüllung, die sich weitgehend in der Hoffnung auf nationale Machtentfaltung erschöpfte, trug den Keim der Hybris gleichwohl in sich. Die Mehrzahl der Professoren und Pfarrer, der Lehrer und Beamten litt an der Ausdifferenzierung der modernen Gesellschaft in unterschiedliche, auch antagonistische soziale Schichten und Klassen, Wirtschaftsinteressen, Weltanschauungen und kulturelle Ausdrucksformen. Der Aufstieg der organisierten Arbeiterbewegung, der Einfluß der großen Wirtschaftsverbände, die Entstehung neuer Berufe in Wirtschaft und Technik – all das gefährdete den Status des Bildungsbürgers.

Angesichts der damit einhergehenden Bedrohungsängste optierten seit Beginn des 20. Jahrhunderts Angehörige des Bürgertums für eine neue Form des radikalen Nationalismus. Die vielfältigen Widersprüche und Problemlagen, welche die antagonistische Gesellschaft des Kaiserreichs hervorbrachte, wurden von diesem Nationalismus häufig als das Wirken fremder Feindmächte gedeutet: Liberalismus, Kapitalismus, „Internationalismus" und die Bedrohung von außen seien darauf zurückzuführen. In einer „Welt von Feinden" komme es darauf an, zur nationalen Einheit auf völkischer Grundlage zu gelangen, um in ihr die gesellschaftlichen, kulturellen und politischen Widersprüche aufzuheben. Erst dann würde Deutschland auch gegen seine äußeren Feinde bestehen können. Der extreme Nationalismus etwa eines Heinrich Claß, des Vorsitzenden des Alldeutschen Verbandes, machte mit seiner Fundamentalkritik selbst vor Wilhelm II., dem als führungsschwach angesehenen Kaiser, nicht Halt. Nirgendwo sonst als in dem von Statuskrise und Kulturpessimismus gekennzeichneten (protestantischen) Bildungsbürgertum war daher seit dem ersten Jahrzehnt des 20. Jahrhunderts jene aufgeregte Stimmung ausgeprägter, die man „Kriegsmentalität" genannt hat. Die Erwartung, die innere Wirksamkeit eines großen Krieges werde ein einiges Deutschland auf eine höhere kulturelle Stufe erheben, korrespondierte mit der Hoffnung, daß eine im Krieg neugewonnene nationale Einheit Deutschland auch nach außen stärken werde. Ein Deutschland, das nur in sich einig war, wurde für praktisch unbesiegbar gehalten.

Eine besondere Ausformung dieses Denkens waren die „Ideen von 1914", die gleichsam einen ideologischen Gegenentwurf zu den Ideen von 1789 bilden sollten. Dem universalen Gedanken des Westens wurde der partikulare Gedanke einer überlegenen deutschen Kultur entgegengestellt. Ihm gesellte sich freilich bald der Machtgedanke zur Seite – der Gedanke an das quasi natürliche Recht, das dem Überlegenen, dem sittlich Stärkeren im „Kampf um das Dasein" gebührte. Die Kehrseite solcher ideologischer Festlegungen war ein voluntaristischer Zug in der deutschen Politik, der gegen die äußeren Feinde alles zu erreichen glaubte, wenn nur die inneren Feinde zum Schweigen gebracht waren. Im Extremfall konnte die Folge eine Art kognitiver Realitätsverweigerung sein, die zum Teil die deutsche Politik bis in die letzten Monate des Ersten Weltkriegs hinein beeinträchtigte. Entsprechend verband sich der deutsche „Sonderweg" aufs engste mit der Weigerung, die im Europa der Jahrhundertwende geschaffenen Realitäten anzuerkennen.

Denn wenn das unerbittlich heraufsteigende moderne Zeitalter auf viele Zeitgenossen des wilhelminischen Deutschland bedrohlich wirkte, so reproduzierte sich dieses Empfinden auch in der internationalen Arena. Angesichts der gefährdeten Mittellage des Kaiserreiches plagte bekanntlich schon Bismarck der *cauchemar des coalitions*. Wilhelm II. sprach gelegentlich von der „gräßlichen Greifzange" einer gleichzeitigen russischen und französischen Aufstellung gegen Deutschland. Was würde das Reich einer übermächtigen Koalition entgegenstellen können, wenn es den übrigen Großen Mächten eines Tages beliebte, die historische Uhr zurückzudrehen und Mitteleuropa wieder seine vertraute mehrstaatliche Gestalt zurückzugeben? Keineswegs war die politische Existenz des jungen Reiches so selbstverständlich, als daß es nicht die möglicherweise gefährlichen Konsequenzen seiner Gründung zu bedenken galt. Bismarck selbst hatte das Reich nach der „Krieg-in-Sicht-Krise" von 1875 für „saturiert" erklärt. Die internationalen Spannungen suchte er tunlichst an die europäische oder koloniale „Peripherie" zu lenken, um Konflikte von der Mitte Europas fern zu halten und bei ihrer Lösung das Kaiserreich als „ehrlichen Makler" aufzuwerten.

Auf die Dauer aber verlangte eine solche Strategie den Verzicht auf eben jenes imperiale Ausgreifen, das seit Ende des 19. Jahrhunderts zum Normalverhalten der europäischen Großmächte gehörte. „Weltpolitik" zu betreiben und bei den großen Fragen der internationalen Politik ein entscheidendes Wort mitzusprechen – das war die Fähigkeit, an der sich das Prestige einer jeden Großmacht zu messen hatte. Wer sich im Zeitalter allgemeiner kolonialer Expansion auf den Standpunkt des „Saturiertseins" zurückzog, lief Gefahr, mit dem Anschluß auch den Großmachtstatus zu verlieren. Ob sich das kaiserliche Deutschland als Vormacht des Kontinents dieser epochenspezifischen Bewegungsrichtung langfristig hätte entziehen können, ist mithin mehr als fraglich. Aber seit Beginn des 20. Jahrhunderts häuften sich die Unklarheiten, um nicht zu sagen die Fehler der wilhelminischen Außenpolitik.

Ein Kernproblem der äußeren Politik des Kaiserreiches lag im Verhältnis zu Großbritannien, das durch die herausfordernde Flottenpolitik des Admirals Alfred von Tirpitz extrem belastet wurde. Die deutsche Flottenpolitik kann als Versuch des kolonialpolitischen Neuankömmlings interpretiert werden, gegenüber England das Fehlen imperialer „bargaining power" zu kompensieren. Indes beruhte dieses Kalkül auf der irrigen Annahme, England werde wegen seiner traditionellen Rivalität zu Frankreich und Rußland eines Tages ohnehin genötigt sein, sich mit dem kaiserlichen Deutschland zu arrangieren. Erst gegen die Zusicherung britischer Neutralität in einem europäischen Konflikt sowie bei gleichzeitigem Wohlwollen gegenüber der Möglichkeit eines deutschen Zentralafrika, so lautete die Rechnung, würde man bereit sein, den maritimen Rüstungswettlauf einzustellen. Doch das Unvorstellbare trat ein: Großbritannien verständigte sich mit dem „Erbfeind" Frankreich 1904 auf eine „Entente cordiale". Zwar geschah dies primär aufgrund globaler kolonialpolitischer Erwägungen. Aber die herausfordernde Flottenpolitik des wilhelminischen Reiches und seine auftrumpfende „Weltpolitik" hatten dazu beigetragen, Paris und London im Zeichen komplementärer Interessenpolitik einander näherzubringen. In den folgenden Jahren entwickelte sich daher eine spannungsvolle Dreiecksbeziehung zwischen Berlin, Paris und London. In wechselnden Konstellationen kreiste sie um die entscheidende Frage, ob es Deutschland gelingen würde, einen Keil in die Entente zu treiben. Doch dies mißlang 1905 ebenso wie 1911: Statt die Entente zu sprengen, ließ die aggressive deutsche Politik während der beiden Marokko-Krisen die ungleichen Entente-Partner nur noch näher aneinanderrücken. Berlin fand sich selbst in einer zunehmend isolierten Position wieder und erlitt einen erheblichen Prestigeverlust.

Infolge der 1907 zuwege gebrachten britisch-russischen Verständigung spitzte sich die Isolation des Kaiserreiches bedrohlich zu; die von vielen befürchtete „Einkreisung" schien nun definitiv eingetreten zu sein, ohne daß man sich Rechenschaft darüber ablegte, ob es sich nicht vielmehr um eine Art „Selbstauskreisung" handelte. Das ganze Ausmaß außenpolitischer Aufgeregtheit trat bei der „Daily-Telegraph-Affäre" zutage. Die Londoner Zeitung veröffentlichte am 28. Oktober 1908 ein Interview mit Wilhelm II., welches das politische Urteilsvermögen des Kaisers in denkbar ungünstigem Licht erscheinen ließ. Ein Sturm der Entrüstung ging durch den Reichstag und die deutsche Öffentlichkeit; man forderte die verfassungsmäßige Einschränkung der kaiserlichen Prärogative, ja selbst die Parlamentarisierung des Reiches. Schlagartig tauchte die Krise die inneren Verfassungsprobleme des Reiches in ein grelles Licht: Sie lieferte nicht nur einen weiteren Beweis dafür, daß das „persönliche Regiment" des Monarchen im modernen Industriestaat eine verfassungspolitische Unmöglichkeit war und auch eine andere Person als Wilhelm II. überfordert hätte. Darüber hinaus legte die Krise auch die Dysfunktionalität offen, die dem System aufgrund seiner mangelhaften konstitutionellen Integration innewohnte.

Zur gleichen Zeit freilich, da Reichstag und Öffentlichkeit den Kaiser kritisierten, trug der preußische Generalstab – von der zivilen Gewalt kaum wahrgenommen, geschweige denn kontrolliert – Vorsorge für den künftig befürchteten Zweifrontenkrieg. Das militärstrategische Dogma, das der potentiellen Bedrohung durch einen Zweifrontenkrieg entsprang, war der „Schlieffenplan". Benannt nach dem preußischen Generalstabschef Alfred Graf von Schlieffen (1833–1913), sah der Plan vor, einem doppelten Frontendruck durch die schnelle Niederwerfung Frankreichs, das man als den gefährlicheren Gegner ansah, zuvorzukommen. Allerdings warf der Schlieffenplan eine ganze Reihe militärischer und politischer Probleme auf, so vor allem die Verletzung der Neutralität Belgiens. Und es kennzeichnet die innere Verfassungsstruktur des Kaiserreiches, daß einerseits dilettantische, diplomatisch jedoch folgenlose Äußerungen Wilhelms II. eine schwere Regierungskrise auslösten, andererseits aber die viel folgenreicheren politischen Implikationen militärischer Planungen in Parlament und Öffentlichkeit praktisch unbemerkt blieben. Zwischen militärischer Kommandogewalt und der zivilen Führung bestand ein verfassungspolitisch nicht vermittelter Dualismus. Staatsrechtlich war er allein in der Person des Kaisers aufgehoben, den diese Funktion ebenso überforderte, wie es bei jedem anderen Monarchen der Fall gewesen wäre. Konkret hatte dies eine militärstrategische Fixierung auf die sicher erwartete Zweifrontenauseinandersetzung zur Folge, die für Alternativen keinen Raum mehr ließ. Vielmehr tendierte sie dazu, zu einer sich selbst erfüllenden Prophezeiung zu werden und politisch-diplomatische Lösungsmöglichkeiten außer acht zu lassen. Die näheren Umstände des Kriegsausbruchs 1914 sollten dies nur allzu deutlich illustrieren.

II. Weltkrieg und Demokratie (1914–1933)

1. Deutschland im Ersten Weltkrieg

Der gefährlichste Krisenherd des europäischen Kontinents lag zu Beginn des 20. Jahrhunderts auf dem Balkan. Hier, auf dem ehemaligen Boden des absterbenden Osmanischen Reiches, überschnitten sich österreichische und russische Interessen, nationale und religiöse Gegensätze. In den Balkankrisen der Jahre 1908 und 1912/13 hatten sich die Konflikte noch regional, auf die „Peripherie" begrenzen lassen, wenn auch die Drohung eines großen europäischen oder gar weltweiten Krieges die Zeitgenossen stets beschäftigte. Als am 28. Juni 1914 in Sarajewo der österreichische Thronfolger Erzherzog Franz Ferdinand mit seiner Gemahlin von einem bosnischen Studenten im Auftrag großserbisch-nationalistischer Kreise erschossen wurde, stand daher zunächst nichts anderes auf der internationalen Tagesordnung als eine neue Balkankrise. Doch anders als zuvor erfolgte diesmal keine mäßigende Intervention der nicht unmittelbar beteiligten Großmächte.

Daß in Wien nach dem Mordanschlag die Wellen hoch gingen und nicht wenige die Auffassung vertraten, nun müsse man mit Serbien endgültig „abrechnen", ist nicht weiter verwunderlich. Entscheidend für die Wiener Politik war aber die Frage, wie sich der engste Verbündete, das Deutsche Reich, im Falle einer kriegerischen Auseinandersetzung mit Rußland verhalten werde. Das Ergebnis der diplomatischen Sondierungen war am 5. Juli 1914 der berühmte „Blankoscheck", den der deutsche Kaiser und sein Reichskanzler, Theobald von Bethmann Hollweg, dem Verbündeten in Wien ausstellten. Die Beweggründe, die dieser uneingeschränkten Bündniszusage an die schwächelnde Donaumonarchie zugrunde lagen, sind zum Gegenstand umfassender Forschungen und kontroverser Deutungen geworden. War sie Ausdruck eines Willens zum Krieg, um dem Deutschen Reich in Europa und der Welt eine hegemoniale Stellung zu sichern? Oder schlug sich in ihr die Hoffnung nieder, eine für Deutschland anscheinend immer ungünstigere Verschiebung des internationalen Mächtesystems doch noch aufhalten, die immer bedrohlichere „Einkreisung" durchbrechen zu können, freilich unter Inkaufnahme des Kriegsrisikos? Während die erstere Auffassung vor allem von den Hauptprotagonisten der sogenannten „Fischer-Kontroverse" vertreten wurde, hat sich heute letztere weitgehend durchgesetzt. Dem Blankoscheck lag demzufolge eine Art Präventivkriegskalkül mit begrenztem Risiko zugrunde. Vor allem die Militärs, allen voran der Chef des Generalstabs selbst, der jüngere Helmuth von Moltke, drängten auf die Nutzung des scheinbar günstigen Augenblicks. Die Führung eines Zweifrontenkrieges hielten sie damals noch mit hinreichender Aussicht auf Erfolg für möglich; in wenigen Jahren aber würde sich der rüstungsstrategische Vorsprung des Reiches in sein Gegenteil verkehren.

Gestützt auf das Votum Berlins, verschärfte Österreich-Ungarn die Gangart gegenüber Serbien, was die Krise eskalieren und schließlich den Mechanismus der Bündnissysteme wie der Mobilmachungspläne in unheilvoller Weise einschnappen ließ. Die österreichische Kriegserklärung an Serbien vom 28. Juli 1914 hatte umgehend die Generalmobilmachung Rußlands zur Folge (30. Juli), deren Zurücknahme wiederum die deutsche Regierung mit einem Ultimatum zu erzwingen suchte. Als dies ohne Reaktion blieb, erklärte das Deutsche Reich Rußland am 1. August 1914 den Krieg. Wie ein Uhrwerk begann nun in Deutschland die langjährige militärische

Planung für den Ernstfall anzulaufen; und schlagartig offenbarte sich die ganze Zweischneidigkeit der militärstrategischen Planung, die dem Schlieffenplan zugrunde lag. Denn was war das paradoxe Resultat der Julikrise? Der eigentliche Konfliktherd lag auf dem Balkan, Deutschland befand sich im Krieg mit Rußland, das deutsche Militär aber blickte nach Westen. So begannen auch nach der Kriegserklärung gegen Rußland im Osten zunächst keine Kämpfe; gebannt vom Gespenst der Zweifrontenauseinandersetzung und gemäß der Strategie des Schlieffenplans, erklärte die deutsche Regierung vielmehr am 3. August 1914 Frankreich den Krieg. Da Frankreich jedoch schnell niedergeworfen werden sollte, marschierten die deutschen Truppen schon am selben Tag und ohne Kriegserklärung in das neutrale Belgien ein, was unweigerlich die Kriegserklärung Großbritanniens zur Folge hatte: Somit war die Einkreisung Deutschlands zur sich selbst erfüllenden Prophezeiung geworden.

Es sei dahingestellt, ob 1914 der Ausbruch des Krieges wie bei früheren Balkankrisen hätte verhindert werden können. Völlig auszuschließen ist das nicht, insbesondere die britische Haltung wäre ohne die Neutralitätsverletzung Belgiens nicht eindeutig gewesen. Gravierender war jedoch etwas anderes: Deutschland erschien als der Aggressor, als der Hauptverantwortliche, und wie hätte das auch anders sein können? Andere Mitverantwortlichkeiten für den Ausbruch des Weltkrieges, etwa der latente französische Revanchismus wegen Elsaß-Lothringen oder der zaristische Expansionismus in Richtung Balkan und Konstantinopel, wurden durch das deutsche Vorgehen im August 1914 dauerhaft überdeckt. In den Augen der Weltöffentlichkeit war die Frage nach der Kriegsschuld beantwortet. So entstand 1918/19 das folgenreiche Paradox, daß die meisten Deutschen der festen Überzeugung waren, einen Verteidigungskrieg geführt zu haben, während das Reich zugleich als militaristischer und alleinschuldiger Aggressor galt.

Lange Zeit wollte es die traditionelle Auffassung, daß die Verkündung des Kriegszustandes in Deutschland nichts anderes als euphorische Hochstimmung verbreitete. Begeistert jubelnde Massen, singende Menschen, blumengeschmückte Gewehre: dies ist das zum Teil noch bis heute weit verbreitete Bild vom August 1914, von der Stimmung zu Beginn des Ersten Weltkrieges. Tatsächlich gibt es vor allem aus dem deutschen Bildungsbürgertum eindrucksvolle Zeugnisse der im Rausch nationaler Einheit erfahrenen „Kriegsbegeisterung". Doch der Jubel in den ersten Augusttagen ist allenfalls die halbe historische Wahrheit. Die andere Hälfte der Wahrheit kam in jenen zahlreichen Berichten zum Ausdruck, in denen von Tränen und Verzweiflung, Niedergeschlagenheit und Beklemmung die Rede war. Wie authentisch und wie verbreitet die „Kriegsbegeisterung" also tatsächlich war, hat die neuere Forschung unterschiedlich beurteilt. Fest steht jedoch, daß das vielbeschworene „Augusterlebnis" von vornherein Züge einer ideologischen Konstruktion trug und in seiner sozialen und regionalen Reichweite sehr viel stärker begrenzt blieb, als man lange Zeit glaubte. Zugespitzt läßt sich sogar sagen, daß es sich ganz überwiegend um eine Zustimmung des Bildungsbürgertums und der akademischen Jugend handelte, die sich ein einiges und größeres Deutschland, eine definitive deutsche Hegemonialstellung in Europa, schließlich ein endgültiges Ausgreifen in die „Weltpolitik" erträumten.

Eine zentrale Frage, die sich bei Kriegsausbruch viele besorgt stellten, lautete: Wie würde sich die Sozialdemokratie verhalten? Ging nicht von der pazifistisch und internationalistisch orientierten Arbeiterpartei ein Sicherheitsrisiko für die deutsche Kriegsmaschinerie aus? Bedrohte nicht die schon längst beschlossene Strategie der Sozialistischen Internationale, bei einem großen Krieg den Konflikt nach innen zu wenden und den internationalen Generalstreik auszurufen, die bitter notwendige innere Einheit der Deutschen? Es gehört zu den großen Wendemarken in der Geschichte der deutschen Sozialdemokratie und des europäischen Sozialismus, daß dies nicht geschah. In ihrer großen Mehrheit stellte sich die Sozialdemokratie hinter die Politik der Reichsleitung. Den Ausschlag hierfür gab zum einen die Überzeugung der meisten

Sozialdemokraten, sie seien angesichts des russischen Verhaltens, das man als bare Aggression wertete, zur Vaterlandsverteidigung verpflichtet. Dabei fügte es sich günstig, daß gegenüber dem autokratischen und polizeistaatlichen Rußland, das schon Karl Marx als Hort der Reaktion betrachtet hatte, nationale und ideologische Prioritäten zur Deckungsgleichheit gebracht werden konnten. Zum anderen glaubte man in den Führungsgremien der SPD wie auch der Freien Gewerkschaften, dem überwältigenden Wunsch der Basis nach nationaler Einheit nichts entgegensetzen zu können. Zumindest entsprach dies der gängigen Argumentation der Parteiführer. Die neueste Forschung allerdings hat diese lange Zeit akzeptierte Auffassung in dem Maße in Zweifel gezogen, wie sie die allgemeine „Kriegsbegeisterung" zu hinterfragen begann. Wenn der Druck der „kriegsbegeisterten" Basis geringer war als angenommen, wiegt auch die historisch-politische Verantwortung der sozialdemokratischen Befürworter einer „Burgfriedenspolitik" schwerer.

Wie auch immer man die Hintergründe im einzelnen beurteilt: Fest steht, daß die Bewilligung der Kriegskredite durch die sozialdemokratische Reichstagsfraktion, die am 4. August 1914 gegen die einzige Stimme Karl Liebknechts erfolgte, nicht nur für die Geschichte der SPD, sondern auch für die deutsche Geschichte insgesamt weitreichende Bedeutung hatte. Einerseits ermöglichte sie im Zeichen des von Wilhelm II. verkündeten „Burgfriedens" die politische Einheit im Innern und ließ die Sozialdemokraten aus dem Schatten des Verdikts treten, sie seien „vaterlandslose Gesellen"; andererseits trug die Entscheidung vom 4. August 1914 schon den Keim der sozialdemokratischen Spaltung in sich. Was die einen enthusiastisch begrüßten, galt den anderen als „Verrat": als Verrat an der Arbeiterklasse und an den internationalistisch-pazifistischen Prinzipien des Sozialismus.

Die deutschen Hoffnungen auf einen raschen Sieg im Westen endeten schon nach wenigen Wochen. Ein Frontalangriff auf die französische Grenze mit ihrem dichten Festungsgürtel besaß keine Aussicht auf Erfolg. Gemäß dem Schlieffenplan sollte daher ein starker rechter Armeeflügel die gegen Deutschland aufgestellten französischen Armeen umfassen und vernichten. Gleichsam in einem gigantischen Cannae würde Frankreich in wenigen Wochen niedergeworfen und damit die Zweifrontensituation vermieden werden. Dieser Plan scheiterte im September 1914 an der Marne, unweit von Paris. Es sei dahingestellt, inwieweit Fehler der Obersten Heeresleitung unter Moltke dem Schlieffenplan die Durchschlagskraft raubten; auch die Frage, ob es überhaupt realistisch war, eine Großmacht wie Frankreich auf dem Stand der damaligen Militärtechnik in wenigen Wochen niederwerfen zu können, muß offen bleiben. In jedem Fall war der deutsche Kriegsplan gescheitert, und spätestens die Schlacht von Verdun (21.2. bis 21.7.1916) ließ die letzten Illusionen von einem kurzen Krieg endgültig verfliegen: Aus dem kurzen wurde vielmehr der totale Krieg.

Während Moltke einen Zusammenbruch erlitt und alsbald durch den Generalleutnant Erich von Falkenhayn ersetzt wurde, begründete die spätere 3. Oberste Heeresleitung unter Paul von Hindenburg und Erich Ludendorff in Ostpreußen ihren Ruhm. Der Sieg in der Schlacht von Tannenberg (26. bis 30. August 1914), in deren Verlauf die nach Ostpreußen eingedrungene russische Narew-Armee vollständig aufgerieben wurde, führte zu einer Umkehrung des geplanten Kriegsverlaufs. An der im Schlieffenplan mit rein defensiven Aufgaben betrauten Ostfront eröffneten die Erfolge des Jahres 1914 die Möglichkeit einer großen und 1915 auch erfolgreich durchgeführten Offensive; die Westfront hingegen erstarrte im Stellungskrieg. Dieser Logik entsprach es auch, daß das Deutsche Reich nach der wohlwollend geförderten bolschewistischen Revolution am 3. März 1918 die Zweifrontenkonstellation durch den Sonderfrieden von Brest-Litowsk, der über weite Strecken einem Diktatfrieden gleichkam, zu beenden vermochte.

Prägend für die Erfahrung des Ersten Weltkrieges wurde dagegen der Stellungskrieg an der Westfront. Hier brachte der Krieg den massenhaften gewaltsamen Tod in einer niemals

zuvor gekannten Weise nach Europa. Die fünf Hauptkriegs-
gegner in Europa hatten während des Ersten Weltkriegs mehr
als sieben Millionen Tote zu beklagen, Deutschland allein
1,8 Millionen. Solche Verluste waren das Resultat eines grau-
envollen Paradoxes: eines Nebeneinanders von extremer in-
dustrieller Dynamisierung des Krieges einerseits und einem
mehr oder minder kompletten Stillstand im Stellungskrieg
andererseits. „Im Westen nichts Neues", so lautete die lako-
nische Formel im Lagebericht, die zum Titel des wohl be-
rühmtesten Kriegsromans von Erich Maria Remarque wurde.
Allein, sie verdeckte den hunderttausendfachen Tod, den die
Materialschlachten an der Westfront kosteten. Als Entscheidungsschlacht angelegte Schlachten entschieden nichts. Sie
mußten wieder und wieder aufs neue gefochten werden – und
zwar mit neuen Truppen. Hier hatte der Tod nichts Heroi-
sches oder gar Romantisches mehr an sich. Er war zu einer
anonymen Alltagserfahrung geworden, in der die für das
20. Jahrhundert so charakteristische Entmenschlichung des
Menschen vorweggenommen und tatsächlich seine „Urkata-
strophe" (George F. Kennan) durchlitten wurde.

Unter diesen Bedingungen brachen auch die inneren Gegensätze des Kaiserreiches wieder auf. Unter dem Eindruck des
Krieges verschärfte sich der verfassungspolitische Dualismus
zwischen militärischer Kommandogewalt und politischer Zivilgewalt, und in den letzten Jahren des Kaiserreiches standen
sich mehr denn je zwei Kraftzentren gegenüber: eine sich im
Reichstag herauskristallisierende reformorientierte Reichstagsmehrheit aus SPD, Zentrum und der linksliberalen Fortschrittspartei, die sich 1917 mit der Forderung nach Verstän-
digungsfrieden und Parlamentarisierung zu Wort meldete; und
die Dritte Oberste Heeresleitung unter Hindenburg und Ludendorff, die Falkenhayn am 29. August 1916 abgelöst hatten.
Darüber, wie der Krieg weiter zu führen sei, aber auch in
grundlegenden Fragen der Verfassungspolitik brachen zwischen beiden Lagern schwere Kontroversen auf. Nachdem
jedoch die Alliierten ein Friedensangebot der Mittelmächte
Ende 1916 abgelehnt hatten und im Januar 1917 die Entschei-

dung für den unbeschränkten U-Boot-Krieg gefallen war, verschob sich das Schwergewicht mehr und mehr zugunsten der OHL. Hindenburg und Ludendorff wußten die auf „Siegfrieden" gestellten nationalistischen Kräfte hinter sich und hatten im Zweifelsfall auch das Ohr des Kaisers. Tatsächlich wurde 1917/18 ihre Macht so bedeutend, daß man in der Forschung von einer Quasi-Militärdiktatur gesprochen hat. So wurde nicht zum ersten und auch nicht zum letzten Mal die Macht in Deutschland angesichts des unausgetragenen preußisch-deutschen Verfassungskonfliktes und des verfassungspolitischen Patts zwischen den gesellschaftlichen Kräften auf einen Dritten übertragen. Das erste Opfer wurde Reichskanzler Theobald von Bethmann Hollweg. Im Grunde ein Gegner maßloser Kriegsziele sowie des unbeschränkten U-Boot-Krieges, fehlte ihm doch die Geradlinigkeit, sich als „parlamentarischer" Kanzler an die Spitze der Reformmehrheit im Reichstag zu stellen. Zwischen beiden Seiten zaudernd, wurde er zwischen OHL und Reichstagsmehrheit zerrieben, was am 13. Juli 1917 zu seinem Sturz führte. Nun zeigte sich, daß der Reichstag zwar stark genug geworden war, zum Sturz eines Reichskanzlers maßgeblich beizutragen; aber auf die Wahl des neuen Kanzlers vermochte die Reichstagsmehrheit keinen Einfluß zu nehmen. Ein weiteres Mal blieb die Parlamentarisierung des Reiches aus, und Bethmann Hollwegs Nachfolger, Georg Michaelis, war politisch ebenso vom Willen der OHL abhängig wie Georg Graf Hertling, der ihn schon nach wenigen Monaten, am 1. November 1917, ablöste.

Neben diesem Ringen um die innere Verfassung des Reiches und die äußeren Kriegsziele, das die OHL vorübergehend für sich zu entscheiden vermochte, wies der Kriegskonsens weitere, z. T. erhebliche Risse auf. Parteipolitisch betraf dies im besonderen die SPD, die sich seit Beginn des Krieges mit einer wachsenden innerparteilichen Opposition konfrontiert sah. Vor allem die pazifistischen, aber auch die linksradikalen Kräfte in der Sozialdemokratie, die die Burgfriedenspolitik für falsch hielten, spalteten sich zu Beginn des Jahres 1917 endgültig von der Mutterpartei ab und gründeten am 6. April

1917 in Gotha die Unabhängige Sozialdemokratische Partei Deutschlands (USPD). Auf deren äußerster Linken konstituierte sich die revolutionäre „Gruppe Internationale" um Rosa Luxemburg und Karl Liebknecht, die in ihren „Spartakusbriefen" seit 1916 vehement gegen die „imperialistische" Politik von OHL und Reichsleitung, aber auch gegen den „Verrat" der mehrheitssozialdemokratischen Führung agitierten. Anfang 1918, unter dem Eindruck der Russischen Revolution, erreichte die politische Unruhe endgültig die Basis der Arbeiterschaft. Im Januar kam es in Berlin erstmals zu größeren politisch motivierten Streiks unter den Metall- und Munitionsarbeitern. Hindenburg und Ludendorff und mit ihnen die nationalistische Rechte werteten solche Phänomene der Kriegsmüdigkeit und Friedenssehnsucht als Zeichen für die angebliche Schwäche oder gar „Unterwanderung" der „Heimatfront". Je prekärer die Kriegslage im Westen wurde, desto lauter wurden solche Stimmen. Hier liegen die Ursprünge der später so vergiftend wirkenden „Dolchstoßlegende".

Kriegsentscheidend wurde demgegenüber die alliierte Übermacht im Westen, die strategisch durch die Fernblockade zur See abgesichert war. Sie verursachte eine schwierige, zunehmend verzweifelte Ernährungslage sowie einen Mangel an Munition, Treibstoff und Pferden. Und sie verstärkte kontinuierlich die technische Überlegenheit der Alliierten in bezug auf die Luftwaffe und die Tanks. Zwar hatten die Deutschen mit dem Vaterländischen Hilfsdienstgesetz von 1916 alle ökonomischen und gesellschaftlichen Kräfte angespannt, um ihre strategische Unterlegenheit zu kompensieren. Aber spätestens nach dem Kriegseintritt der USA am 6. April 1917 konnte der Ausgang des Krieges kaum mehr zweifelhaft sein. Nach dem Frieden von Brest-Litowsk hegte die OHL allerdings die Hoffnung, das Blatt doch noch durch einen entscheidenden Schlag im Westen wenden zu können, bevor das volle Gewicht der amerikanischen Kampfkraft zum Tragen kam. In einem verzweifelten Wettlauf gegen die Zeit sollten Frankreich und England auf französischem Boden rasch und vernichtend geschlagen werden.

Diesem Ziel diente die deutsche Westoffensive im Frühjahr 1918, die in den Morgenstunden des 21. März 1918 als Operation „Michael" in Nordostfrankreich begann. Trotz bedeutender Anfangserfolge blieb die Offensive rasch stecken, und ihre strategischen Ziele wurden verfehlt. Aber nun trat die paradoxe, ja fast tragische Situation ein, daß die Niederlage zu einem Zeitpunkt unausweichlich wurde, da die Hoffnungen auf den Siegfrieden ihren Höhepunkt erreicht hatten. Rußland war besiegt, durch innere Wirren und einen harten Frieden niedergeworfen; auch im Westen standen deutsche Truppen tief im Land des Gegners, kein Fuß eines feindlichen Soldaten hatte deutschen Boden betreten. Und doch war der Krieg verloren: Im Laufe des Sommers mehrten sich die Hiobsbotschaften. Die Westalliierten, nun unter dem gemeinsamen Oberbefehl des Marschalls Foch, gingen zum Gegenangriff über und trafen auf geschwächte deutsche Truppen. Im September 1918 brach die Balkanfront zusammen; die Folge war die Kapitulation der deutschen Verbündeten: zunächst Bulgariens, dann auch Österreich-Ungarns.

In der OHL verflogen nun die letzten Illusionen, und man wurde sich der Aussichtslosigkeit der Lage endgültig bewußt. Ludendorff verfiel daraufhin Ende September 1918 in eine tagelange Depression. Als er sich erholt hatte, unternahm er zwei folgenreiche Schritte, die das Ende des Kaiserreiches forcierten, der Weimarer Republik aber eine schwere Hypothek aufbürdeten: Ludendorff forderte ultimativ ein Waffenstillstandsangebot und zugleich die Reform der Reichsverfassung. Damit unternahm der Generalquartiermeister den Versuch, die Verantwortung für die nunmehr offen eingestandene Niederlage auf andere abzuwälzen. In außenpolitischer Hinsicht erinnerte er sich an das Friedensprogramm des amerikanischen Präsidenten Woodrow Wilson, das bis dahin in den Verlautbarungen der OHL keine Rolle gespielt hatte. Innenpolitisch aber unterstützte die OHL nun die jahrelang bekämpfte Forderung nach einer Parlamentarisierung des Kaiserreiches. Die erste Konsequenz dieses Gesinnungswandels war der Rücktritt des Reichskanzlers Hertling, eines erklärten

Reformgegners, am 30. September 1918. Der liberale Prinz Max von Baden bildete daraufhin die erste – und letzte – parlamentarische kaiserliche Regierung. Regierungsverantwortung übernahmen in ihr auch Mitglieder der Reichstagsmehrheit aus SPD, Zentrum und Fortschrittlicher Volkspartei. Welches Kalkül Ludendorff mit dieser Wendung verband, bekannte er freimütig in einer Rede vor den Offizieren der OHL am 1. Oktober 1918. Für die Genese des Waffenstillstands, aber auch für das Ende des Kaiserreichs ist diese Rede von entscheidender Bedeutung. Zwar nannte Ludendorff klare Gründe für die prekäre Situation: So bestehe die unmittelbare Gefahr eines Durchbruchs der Alliierten, vor allem wegen der Übermacht an Tanks. „Restlos entscheidend" sei jedoch die Ersatzlage. Zugleich aber offenbarte Ludendorffs Rede bereits einen ganz anderen Zungenschlag: „Unsere eigene Armee", so diagnostizierte er laut Tagebucheintrag des Obersten Albrecht von Thaer, „sei leider schon schwer verseucht durch das Gift spartakistisch-sozialistischer Ideen. Auf die Truppen sei kein Verlaß mehr. [...] Ich habe aber S.M. gebeten, jetzt auch diejenigen Kreise an die Regierung zu bringen, denen wir es in der Hauptsache zu verdanken haben, daß wir soweit gekommen sind. Wir werden also diese Herren jetzt in die Ministerien einziehen sehen. [...] Die sollen nun die Suppe essen, die sie uns eingebrockt haben!" Das ist der quasi offizielle Beginn der „Dolchstoßlegende".

Im günstigsten Falle freilich, so lautete die Überlegung Ludendorffs, würde einem parlamentarisierten Deutschen Reich ein maßvoller „Wilson-Frieden" zuteil werden, in dem es weder Sieger noch Besiegte gab. Dies erklärt den ultimativen Druck, den die OHL auf Max von Baden ausübte, um das Waffenstillstandsangebot an Wilson herauszugeben. Dabei entbehrte es nicht der Ironie, daß die OHL, die die Mittel der Diplomatie und der Politik zur Beendigung des Krieges stets zurückgewiesen hatte, jetzt selbst auf die Politik hoffte, um die Konsequenzen des militärischen Zusammenbruchs abzuwenden. Doch diese Rechnung konnte nicht aufgehen. Statt dessen endete der Krieg in der Konfusion: Am 3. Oktober

1918 übersandte die Regierung Max von Baden das Ersuchen um Waffenstillstand und Friedensvermittlung an Wilson: im Grunde viel zu spät, zugleich aber völlig überhastet, von nervösen Militärs gedrängt, deren Forderung nach Eile nunmehr jede diplomatische Vorbereitung von Verhandlungen zunichte machte. In gewisser Weise endete so der Krieg, wie er begonnen hatte: Auch im Juli 1914 hatten die Militärs die Stunden gezählt, um vorbereitete Kriegsmaßnahmen anlaufen zu lassen. Konnten sie es damals nicht erwarten, den Krieg zu beginnen, so zählten sie vier Jahre später jede Stunde bis zum Waffenstillstand. Anfang wie Ende des Ersten Weltkrieges illustrieren daher die Dominanz des Militärs über die Politik, die das wilhelminische Deutschland kennzeichnete.

2. Die Weimarer Republik

Der Stimmungsumschwung innerhalb kürzester Zeit trug seinen Teil dazu bei, daß die deutsche Niederlage im Weltkrieg weitgehend „verdrängt" wurde. Eine tiefergehende Auseinandersetzung mit der politischen Erbschaft des Kaiserreiches und mit denjenigen Kräften, die den Krieg gewollt, geführt und schließlich verloren hatten, blieb aus. Statt dessen wurde die Weimarer Republik mit der Niederlage belastet, während das kaiserliche Deutschland von breitesten bürgerlichen Schichten mit dem trügerischen Glanz nationaler Größe und deutscher Überlegenheit verklärt wurde.

Diese retrospektive Verklärung war um so erstaunlicher, als sich Anfang November 1918 tatsächlich „kein Finger krümmte", um das alte Regime gegen den Ansturm der massenhaften Unzufriedenheit zu verteidigen. Nicht auf die sensationellen verfassungspolitischen Entwicklungen im Innern blickte die vom Krieg gezeichnete Öffentlichkeit Anfang November 1918, sondern auf die Noten des amerikanischen Präsidenten. Nur mühsam zwischen den Zeilen verborgen, sprachen die Wilson-Noten aus, was viele dachten: Wilhelm II. mußte als Repräsentant des alten Regimes abdanken, damit ein demokratisiertes Deutschland einen Frieden zwischen gleichberechtigten Völkern würde schließen können. Daß sich der Kaiser hierzu nicht entschließen konnte, besiegelte das Schicksal der Monarchie. Anfang November wurde der Regierung Max von Baden endgültig das Gesetz des Handelns entrissen. Der gerade begonnene Reformprozeß mündete in die Revolution.

Den Anlaß hierzu gab der Befehl der Marineleitung zum Auslaufen der in Kiel und Wilhelmshaven ankernden Hochseeflotte. Geschmiedet, um die strategische Beherrschung der Weltmeere durch Großbritannien herauszufordern, hatte dieses Prunkstück des kaiserlichen Deutschland während des Krieges eine eher passive Rolle gespielt und war im wesentlichen zur Tatenlosigkeit in den heimatlichen Häfen verdammt gewesen. Jetzt indes, da der Krieg unwiderruflich verloren war, hielt es die Seekriegsleitung, ohne Rücksprache mit der Reichsregierung, für angemessen, in letzter Stunde noch eine Art Entscheidungsschlacht zur See zu suchen. Die Besatzungen verweigerten jedoch die Gefolgschaft, denn es überwog die Furcht, sinnlos geopfert zu werden. Das Ergebnis waren Befehlsverweigerungen und Verhaftungen, schließlich die offene Meuterei. Bis zum 3. November bildete sich in Kiel ein Netz von Arbeiter- und Soldatenräten, die schließlich ohne nennenswerten Widerstand die örtliche Macht übernahmen. Am 5. und 6. November 1918 weitete sich die Revolte auf fast alle Küstenstädte aus, am 7. November begann die Revolution in München, am 8. November erreichte die Aufstandswelle Köln und Braunschweig, am 9. November schließlich auch die Reichshauptstadt Berlin.

Unter dem Druck von Massendemonstrationen übertrug Max von Baden das Amt des Reichskanzlers dem Vorsitzenden der MSPD, Friedrich Ebert. Für die Zukunft verbürgte dieser Übergabeakt eine doppelte Legitimität: zum einen wahrte er den Anschein der Kontinuität; zum anderen aber begründete er revolutionäres Recht, oblag doch die verfassungsmäßige Berufung des Reichskanzlers unbestritten dem Kaiser. Doch über den im fernen Spa grübelnden Wilhelm II. schritt die Geschichte rasch hinweg: Unter dem Druck der demonstrierenden Massen verkündete Philipp Scheidemann am 9. November 1918, gegen 14.00 Uhr, vom Reichstag aus die Deutsche Republik. Fünf Jahrhunderte Hohenzollernmonarchie waren damit beendet, doch bereits der republikanische Aufbruch offenbarte die Spaltung der politischen Kräfte: Zwei Stunden nach Scheidemann rief Karl Liebknecht auf dem Balkon des Berliner Stadtschlosses die Sozialistische Republik Deutschland aus.

Schon am 10. November 1918 bildete sich unter dem neuen Reichskanzler Ebert eine paritätisch besetzte, sozialistische Koalitionsregierung aus MSPD und USPD: der Rat der Volksbeauftragten. Die eigentliche Macht war freilich der Mehrheitssozialdemokratie und ihren Führern zugefallen, und in der Arbeiterschaft besaßen sie unbestritten die stärkste Position. Allerdings war die SPD, zumindest auf der Funktionärsebene, im Herbst 1918 keine revolutionäre Partei mehr. Die Politik der MSPD und eines Großteils der Gewerkschaften strebte im Winter 1918/19 eine evolutionäre Fortentwicklung des Bestehenden an. Ihre hauptsächlichen Ziele waren die parlamentarische Demokratie, das Verhältnis- und Frauenwahlrecht, die Verbesserung der materiellen Arbeitsverhältnisse und der Ausbau des Sozialstaats.

Schon diese Programmpunkte erklären, warum die Sozialdemokratie 1918/19 keine forcierte Revolutionspolitik betrieb, sondern die schnellstmögliche Legitimation durch eine Verfassunggebende Nationalversammlung suchte. Außerdem diktierte der am 11. November 1918 unterzeichnete Waffenstillstand eine forcierte Demobilisierung des deutschen Heeres. Einer durchgreifenden revolutionären Umgestaltung der Verhältnisse stellten sich also auch die gravierenden Probleme entgegen, die sich aus der ungeregelten Auflösung des deutschen Millionenheeres ergaben. Schließlich schreckte die Russische Revolution, die in die gewaltsame Diktatur der Bolschewiki geführt hatte und deren Beispiel die überwältigende Mehrzahl der Sozialdemokraten ablehnte. Unter diesen Umständen entschloß sich die neue Regierung, mit dem Apparat des alten Regimes in Bürokratie und Justiz, aber auch im Militär zumindest vorübergehend zusammenzuarbeiten. Das sogenannte „Bündnis Ebert-Groener" vom 10. November 1918, in dem Ebert und die OHL sich gegenseitig anerkannten und ihre Zusammenarbeit begründeten, gehört ebenso dazu wie die sozialpolitische Weichenstellung der am 15. November 1918 aus der Taufe gehobenen Zentralarbeitsgemeinschaft, das sogenannte „Stinnes-Legien-Abkommen". Gleichsam im Sinne späterer „Sozialpartnerschaft" akzeptierte die Unternehmerseite die Gewerkschaften als gleichberechtigte Verhandlungspartner und gewährte ihnen wichtige sozialpolitische Zugeständnisse wie obligatorische Kollektivverträge, die Einrichtung von Betriebsräten und den Achtstundentag.

Eine dritte Weichenstellung erfolgte schließlich auf dem Ersten Allgemeinen Kongreß der Arbeiter- und Soldatenräte vom 16. bis 21. Dezember 1918 in Berlin. Seine wichtigste Entscheidung traf der Kongreß im Sinne der Mehrheitssozialdemokratie: Mit einer Mehrheit von 344 gegen 98 Stimmen lehnte er die Räte als Grundlage der Verfassung sowie als gesetzgebende und vollziehende Gewalt ab; und mit 400 gegen 50 Stimmen setzte er die Wahlen zur Nationalversammlung auf den technisch frühestmöglichen Termin, dem 19. Januar 1919, fest.

Schon von den Zeitgenossen, später dann in der Forschung sind die SPD und ihre Führer Ebert und Scheidemann für ihr Zusammengehen mit den Funktionseliten des Kaiserreiches scharf kritisiert worden. Tatsächlich ist die schlagwortartige Gleichsetzung von Arbeiterräten und Bolschewismus nicht haltbar. Es bestand daher lange Zeit die Neigung, in den Räten ein Potential zu sehen, das kraft revolutionären Rechtes zur „Fundamentaldemokratisierung" der deutschen Gesellschaft hätte genutzt werden können. Gleichzeitig zieh man die SPD-Führung der weit übertriebenen, ja „hysterischen" Bolschewismusfurcht. Aber hätte eine andere als die kompromißlose Haltung der Regierung Ebert/Scheidemann die Überführung der Revolution in demokratisch-rechtsstaatliche Bahnen gewährleistet? Jedes revolutionäre Fait accompli wäre demokratisch nicht legitimiert, faktisch also eine Art Willkürakt gewesen, der die Integrationsfähigkeit der Weimarer

Republik kaum erhöht hätte. Im bürgerlichen Lager wäre der Präzedenzfall einer demokratisch nicht legitimierten Sozialisierung vielmehr als schwerster Rechtsbruch empfunden worden. Er hätte die gegenrevolutionären Kräfte möglicherweise in noch stärkerem Maße auf den Plan gerufen, als dies ohnehin schon der Fall war. Wenn daher eher wenig dafür spricht, daß wirtschafts- und gesellschaftspolitische Quasi-Willkürakte in der labilen Übergangsphase des Winters 1918/19 zur Befriedung Deutschlands beigetragen hätten, so wurde doch umgekehrt die immense Enttäuschung, die die Regierungspolitik unvermeidlich hervorrief, für die Weimarer Republik zu einer schweren Belastung.

Die Kluft, die sich zwischen der Enttäuschung über den Verlauf der Revolution und der gegenrevolutionären Mobilisierung auftat, wurde seit Mitte Dezember 1918 immer tiefer. Die Koalition zwischen der MSPD und der auf das „Weitertreiben" der Revolution drängenden USPD mußte unter diesen Bedingungen zerbrechen. Seit Ende 1918 eskalierte die Situation immer häufiger in gewaltsamen Auseinandersetzungen. Auf der einen Seite setzte die extreme Linke ihre hemmungslose Agitation gegen die Regierung fort; auf der anderen Seite stand das ungemein brutale Vorgehen der neugebildeten Freikorpstruppen. Beginnend mit dem „Januaraufstand", in dessen Verlauf am 15. Januar 1919 Rosa Luxemburg und Karl Liebknecht ermordet wurden, entwickelten sich in Deutschland während der ersten Jahreshälfte 1919 mehr als einmal bürgerkriegsähnliche Zustände. Dies gilt für den Versuch eines revolutionären Generalstreiks und seine gewaltsame Niederschlagung in Berlin im März 1919 ebenso wie für die Liquidation der Münchner Räterepublik Anfang Mai 1919, aber auch für zahlreiche Unruhen und Aufstandsversuche in vielen anderen Teilen des Reiches. Zwar bildeten die Freikorpstruppen unter dem sozialdemokratischen Reichswehrminister Gustav Noske eine effiziente Waffe im Kampf gegen die Aufstandsversuche der extremen Linken; keineswegs aber waren die Freikorps gegenüber der Republik immer loyal eingestellt. Vielmehr bestand eine oft extreme Unverhältnismäßigkeit der

Mittel, mit denen lokale Aufstände niedergeschlagen wurden. Haß säte dabei Haß und Gewalt Gegengewalt, wenn sich auf beiden Seiten die Politik zunehmend auf ein physisches Freund-Feind-Verhältnis zu reduzieren schien.

Die Geschichte der Revolution 1918/19 zeigt, in wie hohem Maße die spezifischen Vorkriegsbelastungen der deutschen Gesellschaft und Politik auch nach dem Ende des Weltkriegs fortbestanden. Zu tief reichten die gesellschaftlichen Gräben, die weltanschaulichen Gegensätze und die politischen Blockaden, zu schwer wogen aber auch die außenpolitischen Belastungen aufgrund des verlorenen Krieges und des harten Friedens von Versailles, als daß ein staatlicher Gründungsakt und ein gesellschaftlicher Zukunftsentwurf aus einem Guß hätten erwartet werden können. So wurde das Jahr 1919 wohl unvermeidlich zum Jahr der Enttäuschungen. Nur zum geringsten Teil hatte dies die junge Republik selbst zu verantworten; aber von Beginn an litt sie unter einem während ihrer kurzen Geschichte nicht zu tilgenden Legitimationsdefizit.

Gleichsam im Spiegelbild dieser mangelnden Legitimation steht die Weimarer Reichsverfassung. Ihre Väter (und wenigen Mütter) wußten, daß die neue Republik der historischen Legitimation und der Parlamentarismus als Regierungsform der praktischen Einübung entbehrten. Dementsprechend sorgsam verteilte die Weimarer Nationalversammlung die verfassungspolitischen Gewichte, um eine umfassende demokratische Partizipation ebenso zu gewährleisten wie das Gleichgewicht der sozialen und politischen Kräfte. Die Verfassungsschöpfer verknüpften in ihrem Werk unterschiedliche Demokratiemodelle miteinander: das parlamentarisch-repräsentative Prinzip, das sich im Reichstag verkörperte, das präsidiale Element, personifiziert im Amt des direkt gewählten Reichspräsidenten, schließlich das direkt-demokratische Modell, fixiert in der Möglichkeit von Volksbegehren und Volksentscheid auf Reichsebene. So bestechend dieser Demokratieentwurf in der Theorie auch aussah, so dysfunktional entwickelte er sich in der Praxis. Gerade für die politische Kultur der Deutschen, die sich schwertaten, die pluralistische Ausdifferenzierung der modernen Massengesellschaft zu akzeptieren und diese häufig negativ mit organischen Einheits- und Gemeinwohlvorstellungen kontrastierten, wäre der Zwang zur politischen Willensbildung durch das Parlament eine wichtige Schule gewesen. So aber erlaubte die Verfassung den im Reichstag vertretenen Parteien, sich angesichts der überwältigenden politischen Sachprobleme phasenweise der entscheidenden parlamentarischen Funktionen zu entledigen. Dies betraf z. B. die Aufgabe des Parlaments, die Regierung aus sich selbst heraus zu bilden und zu tragen sowie, in Form der parlamentarischen Opposition, stets eine Regierungsalternative bereitzuhalten. Selbst in der vergleichsweise ruhigen Mittelphase der Republik, als sich der Weimarer Parlamentarismus relativ unbelastet von außenpolitischen Zerreißproben und inneren Existenzkrisen entfalten konnte, blieben seine Funktionsschwächen unübersehbar. Überdies leistete das Amt des Reichspräsidenten der Illusion Vorschub, in ihm repräsentiere sich der Staat im eigentlichen Sinne, als allein dem Gemeinwohl verpflichtete Instanz über den Parteien. In dem Maße, wie die Verfassung das Amt des Reichspräsidenten mit weitgehenden Kompetenzen ausgestattet hatte, förderte es nach der Wahl Hindenburgs im Jahre 1925 die restaurative und antiparlamentarische Phantasie der Republikgegner.

Damit reproduzierte sich der alte konstitutionelle Dualismus zwischen exekutiver Staatsgewalt und parlamentarischem Prinzip. Tatsächlich bildete dieser Dualismus das politisch-gesellschaftliche Mächtegleichgewicht ab, das schon die Verfassungswirklichkeit des Kaiserreiches beeinträchtigt hatte: Jene Kräfte, die dem westlichen Modell des demokratischen Verfassungsstaates grundsätzlich offen und positiv gegenüberstanden, sahen in der Weimarer Republik einen großen politischen Fortschritt; wäre ihr Rahmen dauerhaft von bürgerlich-liberalen, sozialdemokratischen und den demokratischen Kräften des politischen Katholizismus ausgefüllt worden, wären die genannten Funktionsdefizite kaum zum Tragen gekommen. Doch fehlte es an der Zeit wie auch den politischen Einflußmöglichkeiten, um die Mehrheit der Deutschen an Parteienstaat und Parlamentarismus zu gewöhnen.

Dies galt um so mehr, als die Weimarer Republik bedeutende demokratische Spitzenpolitiker durch frühzeitigen Tod verlor. Der erste Reichspräsident, Friedrich Ebert, auf den sich die politischen Hoffnungen vieler richteten, erlag im Februar 1925 den Folgen einer verschleppten Blinddarmentzündung. Eberts große Stärke waren sein ausgesprochener Pragmatismus und seine Bereitschaft zur Übernahme politischer Verantwortung. Beides half ihm, im Spektrum der politischen Mitte für sich und für die Republik unentbehrliches Vertrauen zu gewinnen. Freilich war der Preis für dieses Vertrauen der Haß der Extremisten jeglicher Couleur. Während Kommunisten und andere Linksradikale ihn zum „Verräter" an der Arbeiterklasse stempelten, warf ihm die extreme Rechte vor, er habe als sozialdemokratischer Parteiführer im Ersten Weltkrieg Hochverrat begangen: Hochverrat in einem Krieg, der ihn zwei Söhne gekostet hatte! Dieser Vorwurf war Gegenstand eines langwierigen Beleidigungsprozesses, den Ebert 1924/25 führte, und es besagt viel über die problematische politische Orientierung eines Großteils der Weimarer Justiz, daß sie Ebert von ihm nicht entlastete.

Schon im August 1919 war der Vorsitzende der DDP, Friedrich Naumann, im Alter von 59 Jahren zu einem Zeitpunkt verstorben, da sich viele von ihm einen Neuanfang liberaler Politik erhofften. Wieder andere Repräsentanten des demokratischen Deutschland fielen politischen Mordanschlägen zum Opfer, so etwa Matthias Erzberger, der dem linken Flügel der Zentrumspartei angehörte und die Frühgeschichte der Weimarer Republik an prominenter Stelle mitgestaltete. Als Wortführer der Reformmehrheit des Reichstages im Krieg, als ziviles Haupt der deutschen Waffenstillstandsdelegation von 1918, schließlich als Reichsfinanzminister, der entscheidend zur Modernisierung des deutschen Finanzwesens beigetragen hatte, personifizierte er all das, was den Haß der Republikgegner auf sich zog. Nachdem er monatelang die Zielscheibe einer politischen Kampagne gewesen war („Fort mit Erzberger"), fiel er im August 1921 einem Attentat zum Opfer.

Das gleiche Schicksal ereilte ein Jahr später den DDP-Politiker und Reichsaußenminister Walther Rathenau. Als erfolgreicher Unternehmer, gebildeter Literat und schließlich hoher Amtsträger der Republik verkörperte Rathenau wie kein anderer den Erfolg des assimilierten deutschen Judentums: für die mit antisemitischen Stereotypen operierenden Republikfeinde von rechts ein zusätzlicher Grund, ihn, den „Erfüllungspolitiker", für das Unglück der Deutschen in Weltkrieg, Revolution und Versailler Frieden haftbar zu machen.

Gustav Stresemann, einer der bedeutendsten Politiker der Weimarer Republik, spielte als Fraktionsvorsitzender der Nationalliberalen Partei schon vor 1914 eine bedeutende Rolle im Reichstag. Während des Weltkriegs als Annexionspolitiker bekannt, tat er sich zunächst schwer, auf dem politischen Boden der Weimarer Republik Fuß zu fassen. Er repräsentierte schließlich jedoch mehr als jeder andere Politiker den Wandel eines Teils des deutschen Bürgertums von der auf imperiale Expansion gestellten wilhelminischen Perspektive zur grundsätzlichen Akzeptanz der Republik bei gleichzeitigem Willen zur außenpolitischen Verständigung. Wie im Grunde alle politischen Kräfte der Weimarer Republik, blieb auch Stresemann ein Revisionspolitiker mit z. T. weitgesteckten außenpolitischen Fernzielen. Was ihn jedoch vor anderen auszeichnete, war seine ausgeprägte Fähigkeit und Bereitschaft, sich auf den Boden der Tatsachen zu stellen und von hier aus in möglichst enger Kooperation mit dem ehemaligen Kriegsgegner Frankreich nach konstruktiven Lösungen zu suchen. Als Außenminister führte Stresemann seit 1923 die Weimarer Republik zurück zu internationaler Anerkennung, zu gleichberechtigter Verhandlungspartnerschaft und 1926 schließlich in den Völkerbund. Zusammen mit seinem französischem Amtskollegen Aristide Briand, mit dem ihn auch eine persönliche Freundschaft verband, erhielt Stresemann 1926 den Friedensnobelpreis.

Als Stresemanns größter Erfolg darf gewertet werden, daß er 1929 die vorzeitige Räumung des von alliierten Truppen besetzten Rheinlandes erreichte. Und doch offenbarte dieser Erfolg die ganze Ambivalenz der deutsch-französischen Verständigung wie auch der politischen Stimmungslage der Weimarer Republik. Als Gegenleistung setzte die deutsche Regierung ihre Unterschrift unter den Young-Plan, einen langfristigen Reparationsplan, der die Zahlung von Annuitäten bis in das Jahr 1988 vorsah. Was in Frankreich als geradezu unbegreiflicher Großmut gegenüber dem ehemaligen Kriegsgegner empfunden wurde, peitschte in Deutschland erneut die Leidenschaften der nationalistischen Rechten auf. Das vom Vorsitzenden der DNVP, Alfred Hugenberg, dem Stahlhelm und Adolf Hitler getragene Volksbegehren gegen den Young-Plan, das die deutschen Verständigungspolitiker mit Gefängnis bedrohte, vermochte zwar nur 13,8 % der Wahlberechtigten auf sich zu vereinigen; es trug aber zur Vergiftung der politischen Atmosphäre bei und stellte überdies Hitler erstmals eine nationale Bühne zur Verfügung. Stresemann, der stets große Probleme hatte, als Vorsitzender der DVP seine eigene Partei parlamentarisch bei der Stange zu halten, verbrauchte sich in den alltagspolitischen Sielen der Republik. Nachdem er sich noch tags zuvor in einer dramatischen Fraktionssitzung nur knapp hatte behaupten können, erlag er mit nur 51 Jahren am 3. Oktober 1929 den Folgen eines Schlaganfalls.

Friedrich Ebert, Matthias Erzberger, Walther Rathenau und Gustav Stresemann – sie alle waren Repräsentanten einer demokratischen Elite, die die Sache der Republik zu ihrer eigenen gemacht hatten und bereit waren, unter schwierigsten Bedingungen und gegen schärfste Widerstände pragmatische Sachpolitik zu betreiben. Daß sie diese Anstrengung in der einen oder anderen Weise alle mit einem frühzeitigen Ableben bezahlten, stellte für die Weimarer Republik einen nicht aufzuwiegenden Verlust dar.

Doch reicht es nicht, auf die Personen zu blicken. Es gehört zu den wichtigsten Merkmalen der Weimarer Republik, daß in ihrem Verlauf das lang tradierte deutsche Parteiensystem zusammenbrach. Tatsächlich honorierte es der Wähler in Weimar nie, wenn „seine" Partei Regierungsverantwortung übernahm und infolgedessen nicht durch spektakuläre Gesinnungsethik auffiel, sondern um tragfähige Kompromisse rang.

Bei der SPD saß der Schock der Reichstagswahlen vom 6. Juni 1920 besonders tief, als ihr Wähleranteil von 37,9% der Stimmen auf 21,7% zurückging. Vor allem aber wurden die liberalen Parteien, DDP und DVP, die sich noch schwerer als die anderen Parteien damit taten, auf die drängenden sozialökonomischen Fragen überzeugende Antworten zu geben, allmählich zerrieben. Die liberalen Parteien litten an der materiellen und mentalen Auszehrung ihrer Klientel, die sich in überproportionaler Weise von den demokratischen Parteien ab- und zunehmend radikalen Lösungsangeboten zuwandte. Das Ergebnis war der dramatische und fast völlige Zusammenbruch zuerst der DDP, bald aber auch der DVP. Der Stimmenanteil beider liberaler Parteien zusammen sank von 23% im Jahre 1919 über 13,6% im Jahre 1928 auf nur noch 2,2% im Jahre 1932.

Doch nach den Reichstagswahlen vom 20. Mai 1928 erodierte neben dem liberalen auch der konservative Pfeiler des Weimarer Parteiensystems. 1918 als Sammelbecken aller konservativen Kräfte und Parteien gegründet, war die DNVP zunächst eine ohne Wenn und Aber verfassungs- und systemfeindliche Partei, die sich durch monarchistische, antiparlamentarische und antisemitische Agitation „profilierte". Sie verbuchte damit zu Beginn der Weimarer Republik erhebliche Gewinne. Dadurch erweiterte sich auf der einen Seite der Spielraum konservativer Parteipolitik innerhalb der Weimarer Verfassung, der unter dem Parteichef Kuno Graf Westarp auch zur Regierungsbeteiligung genutzt wurde. Doch auf der anderen Seite zogen die damit verbundenen Kompromisse die vehemente Kritik des rechten Parteiflügels auf sich. Als die Wahlen von 1928 mit einer schweren Niederlage der DNVP endeten, eskalierte der Streit über die Ursachen in einer scharfen Konfrontation zwischen konservativen Pragmatikern und „Fundamentalisten". Schließlich setzten sich die letzteren um den neugewählten Parteiführer Hugenberg durch, was die Spaltung und den weiteren Niedergang der DNVP zur Folge hatte. Bei den Reichstagswahlen vom 14. September 1930 erhielt die DNVP nur noch 7% der Stimmen.

Insgesamt wird deutlich, daß nicht nur die konstitutionalistischen Überhänge aus dem Kaiserreich das Weimarer Parteiensystem belasteten, sondern daß vor allem auch die Erosion zweier seiner Hauptpfeiler, die des bürgerlichen Liberalismus wie des Konservativismus, den Zusammenbruch bewirkte. Während die in ihren jeweiligen Milieus verwurzelten Parteien des politischen Katholizismus und der Sozialdemokratie den Krisen der Weimarer Republik vergleichsweise gut widerstanden und auch gegenüber dem Nationalsozialismus am wenigsten anfällig blieben, erwies sich das Resistenzpotential der protestantisch-bürgerlichen Parteien als zu gering. Der Weimarer Republik wurde damit nicht nur ihre politische Mitte entzogen; vielmehr fehlte ihr auch eine systemkonforme Rechtsopposition, die eine stete Regierungsalternative geboten und so den „normalen" demokratischen Pendelschlag ermöglicht hätte.

Doch die politischen Brüche und Blockaden der Weimarer Republik spiegelten ihrerseits oft nur die extremen ökonomischen Probleme, die gewaltigen gesellschaftlichen Spannungen und die tiefen kulturellen Gegensätze. In der Weimarer Republik konvergierten langfristige Problemlagen, die schon im Kaiserreich hervorgetreten waren, mit kurzfristigen Krisenschüben, die freilich von vielen Zeitgenossen in eins gesetzt wurden. Insgesamt mangelte es der Weimarer Republik nicht nur an Zeit, um politische Legitimation und parlamentarische Normalität zu gewinnen, sondern auch an ökonomischen Zuwachsraten, aus denen allein die eigentlich notwendigen staatlichen Transferleistungen hätten erwirtschaftet werden können. Über die ganzen zwanziger Jahre hinweg blieb die Konjunktur prekär; so wurde erst 1928 das industrielle Produktionsniveau der Vorkriegszeit erzielt, bevor dann seit Ende 1929 bereits die Folgen der Weltwirtschaftskrise spürbar wurden. Und zwischen 1918 und 1924 bewirkten Inflation und Währungsstabilisierung zwar keinen Verlust an volkswirtschaftlicher Substanz, aber doch eine gigantische Umverteilung von Vermögenswerten.

Am schlimmsten traf es diejenigen patriotischen „Kleinrentner", die im Laufe eines langen Arbeitslebens ein Vermögen angespart hatten, dessen Kapitalerträge ihnen normalerweise einen sorgenfreien Lebensabend gewährleistet hätten. Im Ersten Weltkrieg hatten sie ganz selbstverständlich Kriegsanleihen gezeichnet, die ihren Wert im Zuge der Inflation indes rasch einbüßten. Aber die Hyperinflation machte nicht nur aus den Zinserträgen eine *quantité négligeable*, sondern vernichtete binnen kurzem auch den Kapitalstock. Nicht wenige Kleinrentner verarmten und mußten den Gang zum Fürsorgeamt antreten – für die kleinbürgerliche Mentalität ein Abgrund an Deklassierung und Demütigung. Für diese und ähnlich betroffene Sozialgruppen kam die Inflation einer entschädigungslosen Enteignung gleich. Wie hätte von ihnen noch eine besondere republikanische Loyalität erwartet werden können? Doch die Inflation griff auch die Balance zwischen den Tarifpartnern an, indem sie die Gewerkschaften über die Maßen belastete und Teile des Unternehmerlagers begünstigte. Tatsächlich zerbrach die im November 1918 auf den Weg gebrachte Zentralarbeitsgemeinschaft 1924 an den Folgen der Inflation, was eine dauerhafte Verschärfung der industriellen Arbeitsbeziehungen nach sich zog.

Hinzu trat der alle sozialen Schichten durchziehende Gegensatz der Generationen. Während der Generationenkonflikt unter normalen Umständen mehr oder minder problemlos bewältigt werden kann, reichte er in der Weimarer Republik besonders tief und lud sich überdies politisch auf. Das hatte zunächst rein strukturelle Ursachen. So waren im Jahre 1925 fast 25 % der Bevölkerung zwischen 14 und 25 Jahren. Sie drängten auf den ohnehin überfüllten Arbeitsmarkt und mußten sich oft geradezu als „überflüssige" Generation fühlen. Schon in den zwanziger Jahren weit überdurchschnittlich von Erwerbslosigkeit betroffen, schien vielen jungen Akademikern und Arbeitern der Zugang zum Arbeitsmarkt und damit zu einer geregelten beruflichen Existenz dauerhaft verschlossen zu sein. Aus dem sozialen wurde dadurch schnell ein politischer Generationenkonflikt, in dem die Jugend mehr und mehr zu extremistischen Politikansätzen tendierte und z.T. vor gewaltsamer Aktion nicht zurückschreckte.

Zwar trug die Weimarer Republik den Unwägbarkeiten der ökonomischen und gesellschaftlichen Entwicklungen durchaus Rechnung; ihre Legitimation und Akzeptanz vermochte sie damit aber keineswegs zu erhöhen. Tatsächlich dokumentiert etwa der zweite Teil der Weimarer Reichsverfassung über die „Grundrechte und Grundpflichten" der Deutschen, wie intensiv und ernsthaft die Probleme der modernen individuellen Existenz in der Industriegesellschaft diskutiert wurden. Man kann diesen Katalog von Grundrechten und Grundpflichten als „Sammelsurium" interpretieren, in das die verschiedenen Parteien jene Grundprinzipien hineinschrieben, denen sie um ihrer eigenen kulturellen Identität willen Verfassungsrang zugebilligt wissen wollten. Zugleich aber reflektiert der zweite Teil der Weimarer Reichsverfassung auch das ernsthafte Bemühen der Nationalversammlung, die gesellschaftliche Legitimation der künftigen Demokratie zu erhöhen. Gerade weil die Verfassungsgeber sehr genau wußten, daß die Deutschen in der Praxis des westlichen Parlamentarismus noch ungeübt waren, sollte die materielle Zielbestimmung staatlichen Handelns die soziale und kulturelle Kohäsion des Gemeinwesens zu gewährleisten helfen.

In diesem Sinne knüpfte die Weimarer Nationalversammlung an wesentliche Vorgaben der Politik des Rates der Volksbeauftragten an. Sie schuf die Grundlagen eines modernen kollektiven Arbeitsrechtes sowie der betrieblichen Arbeitnehmervertretung. Die Impulse des Kaiserreiches und des Ersten Weltkrieges fortentwickelnd, erweiterte die Weimarer Reichsverfassung die Möglichkeiten sozialstaatlicher Intervention, indem sie beispielsweise dem Staat die ordnungspolitische Kompetenz für den Arbeitsmarkt übertrug. Die neuen Institute wie die „Reichsanstalt für Arbeitsvermittlung und Arbeitslosenversicherung" und die 1927 nach langen Vorarbeiten eingeführte Arbeitslosenversicherung stellten eine echte sozialpolitische Innovation dar. Zusammen mit Großbritannien stieß die Weimarer Republik damit in die vorderste Reihe der europäischen Sozialstaaten vor. Während der relativ ruhigen Mittelphase von 1924–28 erfolgte denn auch ein Anlauf zur wohlfahrtsstaatlichen Expansion sowie zur Ausgestaltung der traditionellen Fürsorge zur modernen Sozialhilfe. All dies entsprang der grundlegenden Erkenntnis, daß Armut arbeitsfähiger und arbeitswilliger Personen nicht per se selbstverschuldet war, sondern daß die moderne konjunkturabhängige Industriegesellschaft eine Vielzahl neuer Existenzrisiken hervorbrachte. Sozialstaatliche Intervention sollte also sowohl zum Ausgleich der gesellschaftlichen Interessen beitragen als auch Armutsrisiken minimieren.

Diese zukunftsweisenden und die deutsche Geschichte langfristig beeinflussenden gesellschaftspolitischen Bestrebungen kamen der Legitimation der Weimarer Republik allerdings nicht zugute. Zum einen tendierte der Weimarer Sozialstaat in der Kontinuität des Kaiserreiches zu einem immanenten Autoritarismus, maßgeblich bedingt durch die konfliktträchtigen Verwerfungen der deutschen Gesellschaft. Ein signifikantes Beispiel für diesen autoritären Zug war das seit 1923 immer häufiger angewendete Instrument der Zwangsschlichtung, mit dem die Autonomie der Tarifparteien zunehmend unterminiert wurde. Zum anderen – und damit eng zusammenhängend – übernahm sich die Weimarer Republik mit der Aufgabe des sozialen Ausgleichs. Das hatte die fundamentale Kritik der Betroffenen zur Folge. Als z.B. 1928 die schwerindustriellen Arbeitgeber an der Ruhr einen verbindlichen Schiedsspruch des Reichsarbeitsministeriums verwarfen, war dies der Auftakt nicht nur zum sogenannten „Ruhreisenstreit", sondern zu einer grundsätzlichen Aufkündigung der Loyalität gegenüber der zunehmend als „Gewerkschaftsstaat" disqualifizierten Demokratie. Während der Weltwirtschaftskrise erwies sich die Weimarer Republik schließlich vollends als überforderter Sozialstaat, der für die Lösung der vielfältigen sozialen und wirtschaftlichen Probleme nicht die notwendigen Ressourcen besaß.

Nun waren die krisenhafte Wirtschaftsentwicklung und die damit verbundenen gesellschaftlichen Spannungen der Zwischenkriegszeit keineswegs auf Deutschland beschränkt. Und auch in anderen Ländern stiegen die Anforderungen an die

Steuerungs- und Problemlösungskapazitäten der Parteien, Parlamente und Regierungen in zuvor nicht gekannter Weise an. Um deutsche Sonderentwicklungen zu erklären, die schließlich bei Hitler endeten, reicht daher der Hinweis auf Wirtschaftskrise, Arbeitslosigkeit und Massenelend nicht aus. Vielmehr liegt die Besonderheit der deutschen Entwicklung in der Verschränkung gemeineuropäischer und nationalspezifischer Elemente, d. h. dem Ineinandergreifen von Krisenerfahrung und bestimmten kulturellen Deutungsmustern. So ist in Kultur und Wissenschaft der Weimarer Zeit ein unübersehbarer Trend zur nationalen Engführung zu beobachten: sei es in der unter evangelischen Pfarrern und Theologen weitverbreiteten Auffassung, in der Geschichte des eigenen Volkes offenbare sich das göttliche Handeln, oder sei es in dem Bemühen um eine vorgeblich „deutsche" Physik – die Beispiele ließen sich leicht vermehren. Stets erwiesen sich solche Verengungen als anfällig gegenüber Ideologien, die im Namen von Nationalismus oder gar völkischem Rassismus auftraten. Natürlich haben alle diese Strömungen den Nationalsozialismus nicht hervorgebracht, und meist bestand eine zumindest scheinbar unüberbrückbare Kluft zwischen elitärem Intellektualismus und der plebejischen NS-Bewegung. Aber Hitler und die NSDAP verstanden es, an die millionenfache Erfahrung von sozialer Deklassierung ebenso propagandistisch anzuknüpfen wie an das massenhafte Empfinden nationaler Demütigung bei doch fortbestehendem Bewußtsein einer kulturellen Überlegenheit Deutschlands.

Indem sie an die sozialen, nationalen und kulturellen Ressentiments praktisch aller Bevölkerungsgruppen appellierte, gelang es der NSDAP als erster deutscher Partei, die alten Lager- und Milieugrenzen zu überwinden. Innerhalb der stark fragmentierten politischen Kultur der Weimarer Republik, freilich erst nach der Erosion des Parteiensystems, erzielte die NSDAP seit 1930 ihre spektakulären Wahlerfolge. Tatsächlich hat man in der NSDAP angesichts ihrer Stimmengewinne in allen sozialen Schichten und Milieus, eine „Volkspartei des Protests" gesehen; allerdings wurde sie von Protestanten und

Angehörigen des gewerblichen Mittelstandes deutlich überdurchschnittlich gewählt.

Hitler verdankte seinen Aufstieg aber in erheblichem Maße
Voraussetzungen, auf die er selbst keinen Einfluß hatte. Hierzu
gehört nicht nur die Krise der liberalen und konservativen Parteien; vielmehr gewannen spätestens seit 1929 auch jene Kräfte an Gewicht, die, gruppiert um den greisen Reichspräsidenten Hindenburg, zielgerichtet auf die Entparlamentarisierung
und die autoritäre Umformung der Weimarer Verfassung hin-
arbeiteten. Zum Dreh- und Angelpunkt dieser Bestrebungen
avancierte der Reichswehrgeneral Kurt von Schleicher, der
1930 maßgeblich daran beteiligt war, daß mit Heinrich Brüning erstmals ein primär vom Reichspräsidenten abhängiger
Kanzler ins Amt kam. Die Frage, ob es im März 1930 nötig
oder vermeidbar, fahrlässig oder alternativenlos war, die Große Koalition zu beenden, gehört zu den ältesten Kontroversen
der Forschung. Zwar ist unbestritten, daß die SPD, indem sie
sich den „Schwarzen Peter" des Koalitionsbruchs zuspielen
ließ, taktisch unglücklich agierte; dabei darf aber nicht über-
sehen werden, daß Ende der zwanziger Jahre durch die bürgerlichen Parteien ein deutlicher Rechtsruck ging. Die DVP-
Fraktion wie auch die Gruppe um Schleicher drängte darauf,
eine Regierung ohne oder gar gegen die Sozialdemokratie zu
bilden. Ein ernsthafter Versuch, doch noch zu einer gemeinsamen parlamentarischen Lösung der gravierenden Haus-
haltsprobleme zu gelangen, wurde daher nicht mehr unter-
nommen. Statt dessen erhielt der neue Reichskanzler Brüning,
der am 15. März das Kabinett Hermann Müller (SPD) ablöste,
die Zusicherung, im Bedarfsfall mit dem Notverordnungsrecht
des Artikels 48 WRV regieren zu können. Und als im Sommer
desselben Jahres der Reichstag von seinem verfassungsmäßi-
gen Recht Gebrauch machte und die Aufhebung der Brüning-
schen Notverordnung forderte, wurde jene Kombination von
Verfassungsartikeln angewendet, die den Weg zur Präsidialdiktatur ebnete: Hindenburg löste den Reichstag nach Art. 25
WRV auf und ließ Neuwahlen ausschreiben. Die darauf folgende parlamentslose Zeit nutzte die Regierung Brüning zum

erneuten Erlaß einer nur wenig veränderten Notverordnung, deren parlamentarische Kontrolle nunmehr wegfiel.

Zusammen mit dem Bruch der Großen Koalition gehört dieser Vorgang zu den tiefsten Zäsuren in der Geschichte der Weimarer Republik. Indem Brüning mit präsidialer Unterstützung zum Kampfkanzler gegen den Reichstag wurde, legte er die Axt an den Parlamentarismus in Deutschland und bahnte den Weg zur konsequenten Aushöhlung der Verfassung. Wie verhängnisvoll diese Entscheidung war, bewiesen die notwendig gewordenen Reichstagsneuwahlen am 14. September 1930. Die NSDAP avancierte durchaus vorhersehbar von einer Splitterpartei zur zweitstärksten Fraktion, die nun mit um so größerem Getöse den Reichstag zur antidemokratischen Agitation mißbrauchte. Vor dem Hintergrund der sich zur sozialen Katastrophe auswachsenden Massenarbeitslosigkeit geriet die deutsche Politik ins Schlingern und mündete in die offene Staatskrise. Noch einmal traten dabei die Umrisse der altbekannten politischen Blockaden deutlich hervor: Während die einen den demokratischen Verfassungsstaat in jedem Fall retten wollten und daher, wie die SPD, auch bereit waren, das Brüningsche Notverordnungsregime parlamentarisch zu tolerieren, trachteten die anderen danach, der deutschen Verfassungsentwicklung eine restaurativ-autoritäre Wendung zu geben. Daneben aber standen nun Hitler und seine nationalsozialistische Massenbewegung bereit, eine erneute verfassungspolitische Pattsituation mit den eigenen Methoden zu überwinden.

Vor diesem Hintergrund war Brünings Kanzlerschaft durch eine doppelte Anstrengung gekennzeichnet: Außenpolitisch setzte er alles daran, die Westalliierten von der Zahlungsunfähigkeit der Deutschen zu überzeugen und so das Ende der Reparationen zu erzwingen. Innenpolitisch ordnete er diesem Ziel alles unter und zögerte auch nicht, die Wirtschaftskrise durch haushaltspolitische Sparmaßnahmen und eine extrem rigide Deflationspolitik noch weiter zu verschärfen; angesichts der zunehmenden Massenverelendung sollte damit gewissermaßen der empirische Nachweis für die Zahlungsunfähigkeit

Deutschlands erbracht werden. Tatsächlich hat Brüning sein außenpolitisches Ziel nur knapp verfehlt: Wie eine reife Frucht fiel seinem Nachfolger Franz von Papen im Juli 1932 das Ende der Reparationen in den Schoß. Und doch ist es eine fragwürdige Stilisierung, wenn Brüning später meinte, er sei „hundert Meter vor dem Ziel" gescheitert. Denn verfassungspolitisch hatte er eben jene Verhältnisse mitgeschaffen, denen er im Mai 1932 selbst zum Opfer fiel: Indem er den Reichstag weitgehend ausschaltete, wurde er zugleich völlig abhängig vom zunehmend unberechenbaren Willen des greisen Reichspräsidenten. Zwar hatte Brüning Ende 1931/Anfang 1932 das ganze Gewicht seiner politischen Autorität in die Waagschale geworfen, um die Wiederwahl Hindenburgs zu sichern; doch daß diese Wahl mit den Stimmen der Sozialdemokratie zustande kam, hat Hindenburg selbst und mit ihm all jene, die sich schon längst auf eine „antimarxistische" Regierung festgelegt hatten, zutiefst gekränkt. Aus der Sicht Hindenburgs war dies ein Makel, der schleunigst zu korrigieren war und sei es durch die Auswechslung des Reichskanzlers selbst.

Die neue Regierung Franz von Papens freilich, die am 1. Juni 1932 ernannt wurde, mochte zwar ein Kabinett nach Hindenburgs Geschmack sein; gesellschaftlich und parlamentarisch war sie jedoch fast ohne Basis, und gegenüber der Masse der 19,5 Millionen Wähler Hindenburgs stellte sie eine Provokation dar. Der neue starke Mann des Kabinetts war Kurt von Schleicher, der die Regierungsbildung eingefädelt hatte und nun selbst das Reichswehrministerium übernahm. Durch die Praxis, immer ungehemmter ohne bzw. gegen den Reichstag zu regieren, schließlich auch durch den sogenannten „Preußenschlag" vom 20. Juli 1932, die gewaltsame Absetzung der in Preußen amtierenden Weimarer Koalition, trieb von Papen die Zerstörung des Weimarer Verfassungsgefüges weiter voran. Mehrere Versuche, die parlamentarische Basis der Regierung durch Neuwahlen zu stabilisieren, scheiterten im Verlauf des Sommers und Herbstes 1932. Aus der zweimaligen Auflösung des Reichstages und den Neuwahlen vom 31. Juli wie vom 6. November 1932 resultierte lediglich die

„negative" absolute Reichstagsmehrheit der verfassungsfeind-
lichen Parteien: Die NSDAP avancierte zur stärksten Partei
mit 37,4 % bzw. 33,1 % im November, während die KPD
ihren Stimmenanteil auf 14,5 bzw. 16,9 % erhöhen konnte.

Im November 1932 bestanden daher für die Regierung
Papen nur noch zwei Alternativen: erstens der Versuch, durch
die Einbeziehung der NSDAP doch noch eine parlamentarische Mehrheit zu gewinnen; dies scheiterte an Hitler, der die
ganze Macht für sich forderte. Die zweite Möglichkeit bestand darin, den Reichstag erneut aufzulösen, aber ohne
Neuwahlen auszuschreiben. Dies wäre einem staatsstreichar-
tigen offenen Verfassungsbruch gleichgekommen. Tatsächlich
gediehen entsprechende Diskussionen im November 1932 relativ weit. Hindenburg war zuletzt dazu bereit, zusammen mit
seinem Günstling von Papen für eine Übergangszeit die volle
Präsidialdiktatur auszuüben und dabei als Garant der Verfassung zu agieren. Für Schleicher allerdings war diese Art der
Diktatur ohne die geringste Massenbasis nicht akzeptabel. Ein
weiteres Mal intrigierte er deshalb gegen einen amtierenden
Reichskanzler. Er erzwang Papens Rücktritt und übernahm
am 2. Dezember 1932 selbst das Reichskanzleramt.

Aus der Sicht des Reichspräsidenten stellte Schleicher zumindest eine Alternative mit geringerem Verfassungsrisiko
dar. Denn der neue Reichskanzler hegte im Gegensatz zu
Papen keine radikalen Staatsstreich- und Umbildungspläne.
Allerdings war Schleicher bei seinem Regierungsantritt auch
nicht ganz ohne Plan: Er versuchte erneut, durch die Heran-
ziehung zumindest eines Teils der NSDAP und weiterer gesellschaftlicher Kräfte wie der Gewerkschaften doch noch eine
Massenbasis für die präsidiale Regierung zu gewinnen. Dieses sogenannte „Querfront"-Konzept verfolgte eine doppelte
Zielsetzung: Verfassungs- und innenpolitisch setzte es auf eine
stärkere gesellschaftliche Verankerung der Regierung bei
gleichzeitiger Vermeidung des Verfassungsbruchs. Wirtschafts-
und sozialpolitisch setzte es auf die Abkehr von der Deflationspolitik und auf die Krisenbekämpfung durch eine stärker
expansive Haushaltspolitik sowie Maßnahmen zur Arbeitsbe-

schaffung. Dafür wären einige Spitzenfunktionäre des Allgemeinen Deutschen Gewerkschaftsbundes zwar möglicherweise zu gewinnen gewesen, von der SPD jedoch kam eine scharfe Absage. Schon dieses Veto der SPD gegen eine Regierungsbeteiligung sozialdemokratischer Gewerkschaftsführer durchkreuzte die Pläne Schleichers.

Dramatischer verlief die Auseinandersetzung um eine Regierungsbeteiligung innerhalb der NSDAP. Nachdem die früheren Verhandlungen mit Hitler stets an dessen rigoroser „Alles oder Nichts"-Haltung gescheitert waren, hoffte Schleicher nun, die NSDAP spalten und einen Teil ihrer Mitgliedschaft an sich binden zu können. Eigentlich war der Dezember 1932 für solche Überlegungen nicht ungünstig, denn in der NSDAP herrschte nach den Reichstagswahlen vom 6. November 1932, bei denen sie deutliche Verluste erlitten hatte, eine gedrückte Stimmung. Doch Gregor Straßer, als Reichsorganisationsleiter nach Hitler der mächtigste Mann in der NSDAP und der Repräsentant ihres „linken" Flügels, lehnte das ihm von Schleicher am 4. Dezember 1932 angetragene Amt des Vizekanzlers ab. Zuvor war es innerhalb der Führungsgruppe der NSDAP zu heftigen Diskussionen gekommen, bei denen sich Hitler, der auf der Forderung nach einer Maximallösung beharrte, erneut durchgesetzt hatte. Straßer legte alle Parteiämter nieder und zog sich aus der Politik zurück, bevor er ebenso wie Schleicher am 30. Juni 1934 Hitlers Rachefeldzug zum Opfer fiel.

Schleichers Konzeption einer „Querfront" war damit schon im Vorfeld gescheitert. Zugleich aber schien die NSDAP Ende des Jahres 1932, nach weiteren Niederlagen bei Kommunalwahlen in Thüringen und Sachsen, fast am Ende zu sein. Aus dieser geradezu verzweifelten Situation wurde Hitler durch Franz von Papen gerettet. Während sich Schleicher zunehmend isoliert sah, hegte der in seiner Eitelkeit verletzte von Papen gegenüber dem Reichskanzler das Bedürfnis nach Revanche. In dem Vakuum, das die Zerstörung der Weimarer Reichsverfassung geschaffen hatte, fiel nun tatsächlich dem Handeln einzelner Personen eine Bedeutung zu, die sie in einer funktionierenden Demokratie niemals hätten erreichen können. Mit Hitler, den er am 4. Januar 1933 in Köln traf, knüpfte von Papen nun engere Kontakte. Beide faßten eine neue Regierung ins Auge, in der Hitler zwar als Kanzler amtieren, faktisch aber eine Art „Duumvirat" der beiden Protagonisten unter Ausschaltung von Schleichers etabliert werden sollte. Nachdem das Gespräch bekannt geworden war, erhielt von Papen sofort die Unterstützung der ostelbischen Agrarier, des Reichs-Landbundes sowie von Teilen des Unternehmerlagers. Gemeinsam machten die Beteiligten ihren Einfluß auf Hindenburg geltend, wobei der Sohn des Reichspräsidenten, Oskar von Hindenburg, und der Staatssekretär im Reichspräsidialamt, Otto Meißner, Vermittlungsdienste leisteten. Im Ergebnis verweigerte Hindenburg dem Reichskanzler sowohl den weiteren Rekurs auf Art. 48 WRV als auch die Vollmacht, den Reichstag ein weiteres Mal aufzulösen.

Damit war das Schicksal Schleichers besiegelt und der Weg für von Papen und Hitler frei. Als Hitler am 30. Januar 1933 zum Reichskanzler berufen wurde, hatte er von mehreren vorausgegangenen Entwicklungen profitiert. Das Verfassungsgefüge der Weimarer Republik war bereits zerstört, wenn auch Hitler dessen präsidiale und parlamentarische Elemente zum Zwecke der innenpolitischen Machtdurchsetzung geschickt zu verbinden wußte. Außenpolitisch waren mit der vorzeitigen Räumung des Rheinlandes durch die Truppen der Westalliierten, durch das Ende der Reparationen auf der Konferenz von Lausanne im Jahre 1932, schließlich auch durch das grundsätzliche Einverständnis der Alliierten, Deutschland rüstungspolitische Gleichberechtigung zu gewähren (11. Dezember 1932), die drückendsten Hypotheken des Versailler Friedensvertrages beseitigt. Hinzu kam, daß die Wirtschaftskrise Anfang 1933 ihren Tiefpunkt bereits durchschritten hatte. In den Schubladen der Reichskanzlei lagen überdies detaillierte Pläne zur Arbeitsbeschaffung, auf welche die Regierung Hitler zurückgreifen konnte. Das Kalkül von Papens und seiner konservativen Partner, Hitler zu „zähmen", war hingegen zum Scheitern verurteilt.

III. Diktatur und Weltkrieg (1933–1945)

1. Herrschaft und Gesellschaft im NS-Regime

Sehr viel schneller, als sie es für möglich gehalten hätten, wurden die Protagonisten des „Zähmungskonzeptes" zum Opfer ihrer eigenen Taktik. Das Vorhaben, die Massenbewegung des Nationalsozialismus gleichsam „abzuschöpfen" und vor den Karren der eigenen Ziele zu spannen, erwies sich schon nach wenigen Wochen als grandiose Fehlkalkulation. Nachdem sie sich von ihm hatten benutzen lassen, wurden Hugenberg und von Papen von dem neuen „Führer" zunächst eingeschüchtert und überspielt, schließlich desavouiert.

Die ersten Monate des Jahres 1933 sind ein Lehrstück dafür, wie wenig dem skrupellosen Einsatz einmal eroberter Machtmittel entgegenzusetzen ist. Zwar verfügten die Nationalsozialisten im neuen Kabinett neben Hitler selbst als Reichskanzler nur über zwei Minister; dabei handelte es sich allerdings um Schlüsselpositionen der inneren Macht: Wilhelm Frick übernahm das Reichsministerium des Innern, und Hermann Göring, Minister ohne Geschäftsbereich, stand als Stellvertretender Reichskommissar für Preußen dem dortigen Innenministerium vor. Der Regierung Hitler sicherte dies nicht nur die Dienstherrschaft über die Innenbehörden des Reichs sowie Preußens, sondern auch den direkten Zugriff auf das nach der Reichswehr wichtigste staatliche Machtmittel: die preußische Polizei. Demgegenüber war es ohne Bedeutung, wenn Papen als Vizekanzler und Hugenberg als „Superminister" für Wirtschaft und Landwirtschaft anfangs noch glaubten, in dem neuen Kabinett eine wichtige Rolle zu spielen. Schon bald führte kein Weg mehr an der Erkenntnis vorbei, daß die staatliche Macht einer Person ausgeliefert worden war, die sich von politischen, rechtlichen und moralischen Normen nicht beeindrucken ließ.

Im übrigen ermöglichte erst diese Konzentration der inneren Machtmittel in den Händen der Nationalsozialisten jene Zangenbewegung, die im Frühjahr 1933 den Weg zur Diktatur ebnete. Die sofort einsetzende, gezielte Personal- und Pressionspolitik von oben griff mit dem terroristischen Druck der nationalsozialistischen Massenbewegung von unten ineinander. In den Städten z. B. erzwangen Nationalsozialisten und die SA regelmäßig das Hissen der Hakenkreuzfahne, die Besetzung der Rathäuser, schließlich die Absetzung der demokratisch legitimierten, kommunalen Wahlbeamten. Der Protest der Bürgermeister gegen ein solches illegales Vorgehen prallte an den eingeschüchterten, nationalsozialistisch durchsetzten oder schon gleichgeschalteten staatlichen Aufsichtsbehörden ab.

Unterdessen steuerte Hitler zielstrebig auf die Monopolisierung der politischen Macht zu. Hierzu brauchte er eine vom Reichspräsidenten unabhängige Position, die nach Lage der Dinge nur parlamentarisch legitimiert sein konnte, so paradox dies auch nach der voraufgegangenen Zerstörung der Weimarer Reichsverfassung erscheinen mochte. Schon am 31. Januar überspielte Hitler seine konservativen Kabinettskollegen in einem wichtigen Punkt: Entgegen den Wünschen Hugenbergs setzte er die erneute Auflösung des Reichstags sowie Neuwahlen durch. Auf die absolute Mehrheit hoffend, ließ der neue Reichskanzler keinen Zweifel daran, daß es sich um die letzte Reichstagswahl handeln würde. Und zumindest darin wußte er sich mit den Mitgliedern seines Kabinetts einig.

Die Reichstagswahlen vom 5. März 1933 fanden schon im Zeichen nationalsozialistischen Terrors statt, aber auch in einer von der NS-Propaganda flankierten Aufbruchstimmung. Vor diesem Hintergrund ist es eine bemerkenswerte Tatsache, daß trotzdem weniger als die Hälfte der Deutschen, nämlich 43,9 % der Wähler, Hitler ihre Stimme gaben. Für Hitler war das eine Enttäuschung: Um vom Reichstag eine Zweidrittelmehrheit für ein verfassungsänderndes „Ermächtigungsgesetz" zu erhalten, brauchte er neben seinen Koalitionspartnern zumindest die Mitwirkung der Zentrumspartei, die mit 11,2 % ein noch immer beachtliches Ergebnis erreicht hatte.

Zwar steht außer Frage, daß die Nationalsozialisten ohne den Anschein der Legalität weder auf die Unterstützung noch auf die Tolerierung durch die Funktionseliten in Verwaltung,

Justiz und Reichswehr hätten bauen können; aber die Etappen des Machtsicherungsprozesses sprachen nicht nur dem Geist der Weimarer Reichsverfassung hohn, sondern verstießen auch mehr als einmal gegen das gesetzte Recht. Das betrifft zunächst die terroristischen „Maßnahmen", die bereits im Februar 1933 gegen die politischen Gegner, gegen Kommunisten, Sozialdemokraten und auch schon gegen Juden ergriffen wurden. Die „Reichstagsbrandverordnung" vom 28. Februar 1933, die für die gesamte Dauer des NS-Regimes die wesentlichen Grundrechte aufhob, hüllte sie nur in ein dünnes Mäntelchen der Legalität. Das betrifft vor allem aber auch die Manipulation des parlamentarischen Entscheidungsprozesses, die Hitler brauchte, um vom Reichspräsidenten unabhängig zu werden. Schon die Wahlen vom 5. März verliefen im Schatten des Terrors; und die 81 gewählten kommunistischen Reichstagsabgeordneten waren trotz verfassungsmäßiger Immunität nicht mehr in der Lage, ihr Mandat auszuüben. Als der Reichstag am 22. März zusammentrat, waren sie bereits geflohen, in Haft oder im Untergrund. Durch einen – vom Zentrum tolerierten – Geschäftsordnungstrick wurden sie jedoch als „anwesend" gezählt, so daß das notwendige Quorum erreicht wurde.

Der Rest war eine Mischung aus Einschüchterung, Täuschung und Verführung. Die Kroll-Oper, in der die entscheidende Reichstagssitzung vom 23. März stattfand, war von SA-Leuten umstellt – ein klarer Verstoß gegen den gesetzlich vorgeschriebenen Bannkreis. Ob die Zentrumsabgeordneten schon auf ein von Hitler versprochenes Konkordat hofften, ist umstritten; zumindest jedoch glaubten sie in ihrer Mehrheit – wie auch die Abgeordneten von DVP und Deutscher Staatspartei (der früheren DDP) –, mit der Zustimmung zum Ermächtigungsgesetz „Schlimmeres" zu verhüten. So blieb es allein der SPD-Fraktion vorbehalten, ein letztes Zeichen des Widerstands zu setzen. „Freiheit und Leben kann man uns nehmen, die Ehre nicht": Diese Worte des sozialdemokratischen Parteivorsitzenden Otto Wels waren ebenso mutig wie vergeblich; sie antizipierten das künftige Schicksal nicht weniger Parteigenossen.

Nachdem die Nationalsozialisten am „Tag von Potsdam" mit großer historischer Kulisse die Versöhnung zwischen den alten preußischen Eliten und der „nationalen Revolution" inszeniert hatten, bekam Hitler zwei Tage später, was er wollte: Das am 24. März verkündete Ermächtigungsgesetz verlieh ihm die Möglichkeit, ohne Zustimmung des Reichstags Gesetze zu erlassen. Von nun an gab es in Deutschland keine ordentliche, rechtsstaatlichen Kriterien verpflichtete Gesetzgebung mehr. Gesetze wurden fortan wie Verordnungen erlassen: Von der Ministerialbürokratie vorbereitet, gelegentlich umstritten oder auch in ihrem Gehalt gemildert, gaben sie doch dem ideologischen Willen und dem Machtanspruch des neuen Regimes Ausdruck und Form.

Ohne den pseudo-parlamentarischen Rückhalt durch das neue Gesetz wäre der Weg in die Diktatur zwar dennoch kaum zu verhindern gewesen; aber er wäre anders, wahrscheinlich in Form einer noch unverhüllteren Gewaltherrschaft, verlaufen. So jedoch hatten die Nationalsozialisten alle Instrumente in der Hand, um ihre Macht aus dem Staatsapparat heraus zu befestigen. Sehr rasch bekamen dies die verbliebenen nichtnationalsozialistischen Residuen des Reiches zu spüren. Nachdem Preußen schon seit dem 20. Juli 1932 gewissermaßen zum Reichsland geworden war, erfolgte am 31. März und am 7. April 1933 durch zwei Gesetze die „Gleichschaltung" auch der übrigen Länder. Das „Gesetz zur Wiederherstellung des Berufsbeamtentums", ebenfalls vom 7. April, sah die Entlassung „nichtarischer" sowie politisch „unzuverlässiger" Beamter vor. Zwischen Mai und Juli wurden die Gewerkschaften zerschlagen, die Parteien verboten oder zur Selbstauflösung gezwungen. Im Herbst 1933 gab es keine mit der NSDAP konkurrierende, legale politische Organisation mehr. Sofern sie der Verhaftung oder Schlimmerem zu entkommen vermochten, waren die politischen Gegner in die Emigration oder in den Untergrund gegangen, oder sie hatten resigniert. Eine freie Presse bestand ebensowenig mehr wie ein freies Verbandswesen; die Universitäten wurden von unliebsamen Dozenten „gesäubert" und standen unter politisch-ideologischer

Kuratel. Mit atemberaubender Geschwindigkeit hatte das Regime seinen Machtanspruch durchgesetzt. Der greise Reichspräsident, in dem viele noch den letzten Garanten einer rechtsstaatlichen Ordnung erblickten, deckte diesen Prozeß halb zustimmend, halb resigniert mit seiner Autorität.

Allerdings war Hitlers Herrschaft nicht völlig schrankenlos; in einigen Bereichen stieß sie auf Grenzen, und zumindest bis August 1934 gab es noch Kräfte, die den Nationalsozialisten gewisse Rücksichten abnötigten oder sogar Gefahren für deren Macht bargen. Indes betraf dies weniger die konservativen Bündnispartner der ersten Stunde um Papen und Hugenberg. Zwar wagten sie angesichts des unumschränkten Anspruches der neuen Machthaber und aus Furcht vor einer „zweiten" Revolution vorsichtigen Widerspruch; Höhepunkt dieser Distanzierung von Hitler war Papens bekannte Marburger Rede am 17. Juni 1934. Doch eine größere Gefahr für Hitlers Herrschaft ging von der Reichswehr aus.

Tatsächlich bildete die Reichswehr, später die „Wehrmacht", weit über 1933 hinaus einen eigenständigen Faktor im NS-Regime, der von Hitler nicht völlig zu kontrollieren war. So distanziert die Reichswehr und ihre Führung der Weimarer Republik gegenüberstanden, so sehr waren sie auch gegenüber dem neuen Regime darauf bedacht, ihre korporative Autonomie zu bewahren. Das Kaiserreich hatte einen aus der Epoche der absoluten Monarchie stammenden konstitutionellen Dualismus zwischen Zivilgewalt und militärischer „Kommandogewalt" ererbt. Diesen Dualismus hatte auch die Weimarer Republik letztlich nicht aufzuheben vermocht. Die Stellung des Reichswehrministers zwischen parlamentarischer Verantwortlichkeit, Reichspräsidialamt und Chef der Heeresleitung war verfassungspraktisch höchst ambivalent. Und unter Hans von Seeckt, von 1920 bis 1926 Chef der Heeresleitung, hatte sich die Reichswehr auf eine „neutrale", „unpolitische" Haltung zurückgezogen. Einer diffusen „Staatsidee" wußte sie sich weitaus mehr verpflichtet als der Weimarer Reichsverfassung, zugleich pochte sie auf gleichberechtigte politische Mitsprache. Entscheidend im Verhältnis zum Militär war 1933 daher der

Schein der Legalität, mit der Hitler seine „nationale Revolution" zu bemänteln vermochte, da die Reichswehr ihren Oberbefehlshaber ja nach wie vor im Reichpräsidenten besaß. Die
Tatsache, daß Hindenburg und der neue Reichswehrminister
Werner von Blomberg die Geschehnisse mit ihrer Autorität
deckten, trug wesentlich dazu bei, daß die Reichswehrführung
abwartete und Hitler gewähren ließ.

Ebenso wie Hitler und die Nationalsozialisten wollte die
Reichswehr die Wiederaufrüstung und die wehrpolitische
Gleichberechtigung Deutschlands. Und abweichend von der
traditionell „unpolitischen" Haltung der Militärs war seit
Mitte der zwanziger Jahre eine jüngere Offiziersgeneration
in den Vordergrund getreten, die den Dualismus zwischen
Militär- und Zivilgewalt aufzuheben suchte. Im Zuge einer
umfassenden Wiederaufrüstung erstrebten diese Offiziere eine
durchgreifende Militarisierung der Gesellschaft zum Zwecke
nationaler Machtentfaltung. Daraus ergaben sich wesentliche
Affinitäten zum Nationalsozialismus. Hitler wußte beides zu
nutzen: die „unpolitische" Haltung der älteren Reichswehr-
offiziere ebenso wie die Sympathien der jüngeren im Zeichen
des „nationalen Aufbruchs". Die wenigen Gegner Hitlers in
der Reichswehrführung, allen voran den Chef der Heeresleitung, Kurt von Hammerstein-Equord – der am 31. Januar
1934 zurücktrat –, zwang diese Situation in die Defensive.

Ein Konkurrent, der beiden, Hitler wie der Reichswehr,
bald nach der Machtergreifung erstand, war jedoch die SA.
Schon während der Aufstiegsphase der NSDAP war es mehrfach zu Spannungen zwischen der Parteiführung und der
SA-Basis gekommen. Während Hitler innerparteilich seine
„Legalitätstaktik" durchsetzte, begannen die jungen, häufig
arbeitslosen und zum Radikalismus tendierenden SA-Kämp-
fer, die festangestellten Parteifunktionäre als „Bonzen" zu
schmähen. Auch im Juli 1933, als Hitler die nationalsozialistische „Revolution" für „beendet" erklärte, verkörperte die
SA noch das dynamisch-aktivistische Element. Die unruhige
Basis, aber auch der Oberste SA-Chef, Ernst Röhm, strebten
das Weitertreiben der „nationalen Erhebung" zur „zweiten",

zur sozialen Revolution an und forderten darüber hinaus die militärpolitische Prärogative gegenüber der Reichswehr.

So wohlwollend die Reichswehrführung das nationale Wehrpotential der SA auch betrachtete, so wenig war sie bereit, ihr Monopol auf die nationale Waffenträgerschaft in Frage stellen zu lassen. Den politischen Ambitionen Röhms und seiner SA, deren Mitgliederzahl die Truppenstärke der Reichswehr weit übertraf, mißtraute die Reichswehrführung daher zutiefst. Darin deckten sich ihre Interessen mit denen Hitlers, der sich seit Anfang 1934 vom Druck sowohl aus den eigenen Reihen als auch seiner konservativen Bündnispartner befreien wollte. Zu diesem Zweck setzte er auf das Bündnis mit der Reichswehrführung. Die Art und Weise freilich, in der dies geschah, nämlich durch Mord und Terror, warf ein grelles Licht auf die Problematik, die dem Bündnis von National-sozialismus und bewaffneter Macht innewohnte.

Zwischen dem 30. Juni und dem 2. Juli 1934 ließ Hitler, ohne daß sich die Reichswehr davon distanziert hätte, insge-samt 89 Personen ermorden. Unter dem Vorwand eines von der SA angeblich vorbereiteten Putsches ließ Hitler nicht nur die Führungsspitze der SA liquidieren. Darüber hinaus nutzte er auch die Gelegenheit, um frühere politische Gegner sowie konservative Opponenten zu beseitigen. Unter ihnen waren Papens enger Mitarbeiter Herbert von Bose, der Verfasser der „Marburger Rede", Edgar Julius Jung, Gregor Straßer, der frühere bayerische Generalstaatskommissar Gustav von Kahr, der Reichswehrgeneral Ferdinand von Bredow und Hitlers Vorgänger im Reichskanzleramt, General Kurt von Schleicher. Hitlers Schergen kamen im übrigen damals schon aus der auf-strebenden SS mit Heinrich Himmler und seinem Mitarbeiter Reinhard Heydrich an der Spitze. Mit dem „Röhm-Putsch" trat die SS endgültig aus dem Schatten der SA und wurde zu einem festen Bestandteil des NS-Terrorapparates.

Zwar mochte die Reichswehr aus dem Konflikt gestärkt hervorgehen, war doch der Konkurrent um die nationale Waffenträgerschaft beseitigt. Doch was war das für eine Reichswehr, die die Ermordung zweier ihrer Generäle widerspruchslos geschehen ließ? Tatsächlich hatte sich ihre Führungsspitze durch Mitwisserschaft und Hinnahme des Verbrechens zum Komplizen gemacht, und das, obwohl nicht wenige Offiziere über die Mordtaten entsetzt waren. Forderungen nach einer Untersuchung des Geschehens wurden vom Reichswehrminister zurückgewiesen, was Schwankende beruhigen mochte. Doch die schiefe Ebene, auf der die Wehrmacht im Namen der Befehlserfüllung zum Mittäter in Hitlers Reich wurde, ist spätestens Anfang Juli 1934 beschritten worden.

Unter solchen Bedingungen vermochte Hitler sich im Reichsgesetzblatt ungestört selbst Indemnität zu verleihen: Mit dem „Gesetz über Maßnahmen der Staatsnotwehr" vom 3. Juli 1934 offenbarte das Hitler-Regime endgültig jedem, der sehen wollte, seinen terroristischen Wesenskern. Sein einziger Artikel lautete: „Die zur Niederschlagung hoch- und landesverräterischer Angriffe am 30. Juni, 1. und 2. Juli vollzogenen Maßnahmen sind als Staatsnotwehr rechtens." So gipfelte der mit dem „Ermächtigungsgesetz" eingeleitete Prozeß in nacktem Zynismus, in der Pervertierung der Gesetzgebung zum Legitimationsgrund des Verbrechens. Darüber hinaus hatte Hitler jedem potentiellen Gegner zu verstehen gegeben, daß Widerstand lebensgefährlich sein würde.

Bald darauf, am 2. August 1934, beantwortete der Tod Hindenburgs die letzte offene Verfassungsfrage. Indem Hitler das Amt des Reichspräsidenten übernahm, beendete er die letzten Hoffnungen desillusionierter konservativer Bündnispartner, verlorenes Terrain zurückzugewinnen. Als „Führer und Reichskanzler" ließ er noch am selben Tag auch die Reichswehr auf seine Person vereidigen. Hitler Widerstand entgegenzusetzen bedeutete künftig für den Soldaten den Bruch seines Eides.

Eine gesellschaftliche und kulturelle Schranke gegen den totalitären Herrschaftsanspruch der Nationalsozialisten bildeten, teilweise jedenfalls, die Kirchen. Nach schweren Auseinandersetzungen und unter beträchtlichen Opfern gelang es den Kirchen beider Konfessionen, ihre institutionelle Autonomie im Prinzip zu bewahren. Möglich war dies allerdings nur um den Preis einer weitestgehenden politischen Abstinenz. An den Konfliktlinien zwischen Katholizismus und NS-Regime läßt sich das deutlich beobachten. Bis zur Machtergreifung waren die katholische Amtskirche und ihre Geistlichkeit unerbittliche Gegner Hitlers, die das Kirchenvolk eindringlich vor dem nationalsozialistischen „Neuheidentum" warnten. Nach dem 30. Januar 1933 wandelte sich jedoch das Bild: Hitler war zur „legalen" Obrigkeit geworden, mit dem die Verständigung, zumindest aber ein modus vivendi gesucht wurde. Das Konkordat, das Hitler am 20. Juli 1933 mit dem Vatikan schloß, konnte dem nur Vorschub leisten. Es sicherte der katholischen Kirche die ungehinderte religiöse Betätigung, ihre Mitwirkung am Bildungswesen und die Bestandsgarantie ihrer nichtpolitischen Verbände zu. Konflikte zwischen Kirche und NS-Regime entstanden künftig vor allem dann, wenn letzteres diese Garantien nicht einhielt und die religiöse Autonomie der Kirche in Frage stellte. Bis Ende 1935 war die Organisationsstruktur der politischen Regimegegner im wesentlichen zerschlagen. Ganz unverkennbar ging das Regime nun daran, seinen totalitären Anspruch auch gegenüber dem katholischen Milieu durchzusetzen. Den von den Verfolgungsbehörden häufig fälschlicherweise als politische Widersetzlichkeit gedeuteten konfessionellen Dissens gewaltsam zu beseitigen, erwies sich jedoch als unmöglich. Tatsächlich war das Regime zu einer gewissen taktischen Flexibilität gezwungen. Zeiten gedämpfter Repression, etwa im Sommer 1936 während der Olympischen Spiele, standen Phasen der Verschärfung des „Kirchenkampfes" gegenüber wie etwa im Anschluß an die päpstliche Enzyklika „Mit brennender Sorge" vom März 1937.

Indes waren es gerade die Repressionsmaßnahmen gegen das katholische Milieu, die abweichendes Verhalten verstärkten bzw. überhaupt erst provozierten. Dies gilt für die Solidarisierung mit verfolgten Geistlichen ebenso wie für den Widerstand gegen die Einführung der Simultanschule oder gegen die Entfernung des Kruzifixes aus den Schulräumen. Mit politischem Widerstand oder mit einer Aufkündigung der bürgerlichen Loyalität gegenüber der Staatsgewalt hatten diese Bezeugungen katholischer „Resistenz" nichts zu tun. Aber die auf ideologische Totalmobilisierung der Gesellschaft dringenden Kräfte des Regimes mußten einsehen, daß eine Eroberung des katholischen Deutschland im Sturm scheitern würde und daß offene Repressionsmaßnahmen stets die Gefahr allzu großer Unruhe in sich trugen. Die Abrechnung mit den Kirchen wurde schließlich auf die Zeit nach dem Krieg vertagt.

Ähnlich verlief die Auseinandersetzung des NS-Regimes mit den evangelischen Kirchen. Zwar schien die Stellung des Regimes hier angesichts der theologischen Zerklüftung der evangelischen Kirchen und der offenkundigen nationalen Aufbruchsstimmung, die 1933 im protestantischen Deutschland herrschte, zunächst stärker zu sein. Aber der Versuch, mit Hilfe der regimekonformen „Deutschen Christen" eine gleichgeschaltete „Reichskirche" zu etablieren, schlug fehl. Vielmehr provozierte dieser Angriff auf die kirchlich-institutionelle Autonomie scharfen Widerstand. Der im Herbst 1933 gegründete „Pfarrernotbund" und die Bekennende Kirche bildeten wichtige Kristallisationspunkte, an denen der nationalsozialistische Totalitätsanspruch seine Grenzen fand.

Die Identifizierung solchen kirchlichen Dissenses mit politisch begründetem Widerstand wäre ein Trugschluß. Aktiver politischer Widerstand von Kirchenleuten – gleich welcher Konfession – blieb der seltene Einzelfall. Zwar wird man dies den christlichen Kirchen nicht in höherem Maße zum Vorwurf machen können als den anderen Kräften in Politik, Gesellschaft und Kultur; und doch hätten gerade die Kirchen über Einfluß- und Kommunikationsmöglichkeiten verfügt, die anderen verwehrt blieben. Ein Schlaglicht hierauf wirft der bekannteste Fall, in dem der öffentliche, in den Kirchenräumen erhobene Protest gegen Maßnahmen des Regimes eine unmittelbare Wirkung ausübte: die Predigten Clemens Graf von Galens, in denen der Münsteraner Bischof im Sommer 1941 die nationalsozialistischen Euthanasieverbrechen verurteilte und die zum vorläufigen Abbruch der Aktionen führten. Daß sie keine ähnlich klaren öffentlichen Worte zur Entrechtung,

Deportation, schließlich Ermordung der Juden fanden, bleibt eine historische Hypothek der Kirchen.

Reichswehr und Kirchen sahen sich also mit einem vergleichbaren Dilemma konfrontiert: Um den Preis politischen Stillhaltens bewahrten beide Institutionen noch bis ans Ende des Krieges teilautonome Handlungsfelder. Auch wenn sie im Falle der Wehrmacht immer enger wurden, so bildeten sie doch die institutionelle Voraussetzung des militärischen Widerstands, schließlich auch des 20. Juli 1944. Die staatliche Verwaltung, das Polizeiwesen und die Justiz vermochte sich das NS-Regime dagegen sehr viel schneller gefügig zu machen. Tatsächlich gehört es zu den bedrückendensten Aspekten der nationalsozialistischen Herrschaft, wie rasch und umfassend sich die einmal gleichgeschalteten Verwaltungs- und Justizbehörden in den Dienst der Tyrannei nehmen ließen. Freilich trug hierzu auch die nationalsozialistische Gesetzgebung bei. Das „Gesetz zur Wiederherstellung des Berufsbeamtentums" vom 7. April 1933, später dann auch das Deutsche Beamtengesetz von 1937, ermöglichten es, „nichtarische" sowie politisch „unzuverlässige" Beamte zu entlassen. Wo keine direkte Entlassung oder Disziplinierung erfolgte, übte das politisch instrumentalisierte Beamtenrecht doch einen ständigen politischen Konformitätsdruck auf die im Dienst verbleibenden Beamten aus.

Darüber hinaus aber war eine fortschreitende Erosion und Zersetzung der geregelten Staatsverwaltung charakteristisch für das NS-Regime. So richtete Hitler nicht nur mehrere neue Ministerien ein, die den nationalsozialistischen Zielen in besonderer Weise förderlich sein sollten, wie Goebbels' Reichsministerium für Volksaufklärung und Propaganda oder Görings Reichsluftfahrtministerium. Darüber hinaus kennzeichnete es Hitlers Herrschaftstechnik, aus der administrativen Ordnung immer wieder Sonderverwaltungen herauszuschneiden, die er mit spezifischen Querschnittsaufgaben und -kompetenzen versah. Die Leiter solcher Sonderverwaltungen unterstanden in der Regel keinem Ministerium; vielmehr waren sie allein Hitler verantwortlich und erfreuten sich somit einer „führerunmittelbaren" Immediatstellung. Den Anfang machte der Ingenieur Fritz Todt, den Hitler am 30. Juni 1933 zum „Generalinspektor für das deutsche Straßenwesen" ernannte – die Vorgängerinstitution der späteren „Organisation Todt". Und Hermann Göring, der 1936 Bevollmächtigter des Führers für den Vierjahresplan wurde, erlangte in dieser Eigenschaft umfassende innen- und wirtschaftspolitische Kompetenzen.

Hinzu trat die unübersehbare Vielzahl von Dienststellen der NSDAP, die ebenfalls mit Sonderrechten ausgestattet waren und teilweise in Konkurrenz zu den staatlichen Verwaltungsbehörden traten. In erster Linie galt dies für die Gauleiter und ihren Apparat. Fast immer „alte Kämpfer", sahen sich die Gauleiter als Hitlers „Vizekönige" in der Mittelinstanz, die mit ihrem „Führer" ein besonderes Treueverhältnis verband. Je nach Temperament und Durchsetzungsvermögen konnte es einem Gauleiter durchaus gelingen, sich in seinem Gau die unumschränkte Macht anzueignen und eine Art „Führerstaat" en miniature zu etablieren.

Zwar bekleideten die „Hoheitsträger" der NSDAP in zunehmendem Maße auch staatliche Ämter, aber eine förmliche Verschmelzung von Partei und Staat erfolgte zu keinem Zeitpunkt. Es blieb bei einem strukturellen Neben- und Gegeneinander von Staat und Partei. Dies galt in hierarchischer wie in funktionaler Hinsicht. Vom Stab des „Stellvertreters des Führers", später der Parteikanzlei unter Martin Bormann, bis hin zum Kreisleiter besaß jede staatliche Verwaltungsebene ihr Gegenstück in einer Parteidienststelle. Ebenso konkurrierten staatliche Einrichtungen mit analogen Parteiorganisationen wie etwa der Nationalsozialistischen Volkswohlfahrt (NSV) oder der HJ, die zunehmend in die staatliche Sozialverwaltung und in das staatliche Erziehungswesen vordrangen.

Nirgends freilich wurde die Verbindung von staatlicher Behörden- und Parteiorganisation so weit vorangetrieben wie im Polizeiwesen. Schon 1933 war der erfolgreiche Zugriff des neuen Regimes auf die den Ländern unterstellten Polizeien ein wichtiger Garant der Machtergreifung gewesen. Auch in der

Folgezeit zielte Hitler darauf, den staatlichen Polizeiapparat als das wichtigste zivile Exekutivorgan aus dem geregelten Instanzenzug auszugliedern und den Zwecken des Regimes unterzuordnen. Dies geschah zum einen durch die Zentralisierung der in den Länderverwaltungen angesiedelten und damit zersplitterten Polizeikompetenzen, zum anderen aber durch den Aufbau der SS als Konkurrenzorganisation, mit der die Polizei schließlich verschmolzen wurde. Beides erfolgte in Personalunion durch den Reichsführer SS, Heinrich Himmler, und seinen Gefolgsmann Reinhard Heydrich. Bereits 1936 wurde Himmler zum „Reichsführer SS und Chef der deutschen Polizei" ernannt. In dieser letzteren Eigenschaft blieb er zwar formal dem Innenminister unterstellt, tatsächlich aber wurde er zum Herrscher über den wichtigsten Verfolgungsapparat des NS-Regimes. Mehr als jede andere staatliche Institution avancierte die Polizei zum exekutiven Arm des Führerstaates. Die Fusion des (staatlichen) Hauptamtes Sicherheitspolizei mit dem (parteiamtlichen) Sicherheitsdienst-Hauptamt der SS zum Reichssicherheits-Hauptamt im Jahre 1939 schloß die mehr oder minder komplette Verschmelzung zwischen staatlicher Polizei und SS ab.

Es ist leicht einzusehen, daß die zunehmende Vielzahl von Sonderverwaltungen und Parteidienststellen der administrativen Effizienz auf die Dauer schadete. Das NS-Regime neigte zur Bürokratisierung und Regelungswut auch im kleinsten Bereich. Die Klage hierüber gehörte zu den Standardthemen auf der Tagesordnung der einschlägigen Gremien. Auch fehlte es nicht an Bestrebungen, die Einheit der Verwaltung zu bewahren und die allmähliche Zersetzung des geregelten Verwaltungs- und Kompetenzenzuges zu verhindern. So suchte etwa Reichsinnenminister Frick vergeblich, die Elemente des Führerstaates mit dem auf Verwaltungsrationalität zielenden Autoritarismus der Ministerialbürokratie zu verbinden. Doch letztlich entsprach es Hitlers sozialdarwinistischen Überzeugungen sowie seinem abgrundtiefen Mißtrauen gegen die Beamtenschaft, seine Paladine mit außerordentlichen und rivalisierenden Kompetenzen auszustatten und abzuwarten, wer sich letztendlich durchsetzen würde. Insofern schlossen sich die für das NS-Regime typische „Polykratie" und eine Rolle Hitlers als starker Diktator keineswegs aus.

Weitere Kennzeichen des NS-Regimes waren die fortgesetzte Mobilisierung der Gesellschaft von unten, die wirtschaftliche Expansion und – während der zweiten Hälfte der dreißiger Jahre – auch eine vorübergehende Konsolidierung. Tatsächlich darf der terroristische Grundzug nicht zu dem Fehlschluß verleiten, das Regime hätte sich ausschließlich auf Bajonette gestützt. Über den gleich unmittelbar nach der Machtergreifung einsetzenden Verfolgungsmaßnahmen übersieht man leicht, daß die große Mehrheit der Deutschen durchaus bereit war, sich den neuen Gegebenheiten anzupassen und von der Systemstabilisierung zu profitieren. Im Gegenteil, vor dem Hintergrund der Weltwirtschaftskrise läßt sich kaum überschätzen, welche Bedeutung die Überwindung der Arbeitslosigkeit besaß. Hier wie in anderen Bereichen profitierte Hitler davon, daß zum Zeitpunkt seines Machtantritts die Talsohle der Depression bereits durchschritten war. Erstmals seit Jahren erlaubte der seit Ende 1933 fühlbare Aufschwung wieder eine „normale" Existenz: mit regelmäßiger Arbeit, der Möglichkeit zur Familiengründung und einem bescheidenen Freizeitangebot. Diese lange entbehrten, für viele überhaupt erstmals erfahrbaren Faktoren biographischer Stabilität erleichterten es auch Nichtnationalsozialisten, den politischen Monopolanspruch des Regimes zu tolerieren. Dies gilt auch für die Arbeiterschaft, die seit der Zerschlagung der Gewerkschaften in der Deutschen Arbeitsfront (DAF) organisiert wurde. Bei zum Teil fortbestehender Opposition gegen das Regime, wie sie z. B. für die Hamburger Hafenarbeiter nachgewiesen worden ist, dominierte insgesamt doch die passive Hinnahme des Regimes.

Zumindest ebenso wichtig war der Mobilisierungseffekt durch die NSDAP selbst, die Anfang 1935 knapp 2,5 Millionen und zuletzt mehr als acht Millionen Mitglieder zählte. Wenn irgendwo, dann gewann der Mythos der Volksgemeinschaft in der Partei und ihren zahlreichen Unterorganisationen ein Stück Realität. In der durch tiefe soziale und kulturelle Gräben zerklüfteten deutschen Gesellschaft wirkte der Nimbus der schichtenübergreifenden Partei auf viele attraktiv. Die meist schon vor 1933 begründeten Parteiorganisationen überzogen die deutsche Gesellschaft mit einem dichten Netz. Und in denjenigen politischen und gesellschaftlichen Bereichen, in denen die Partei Terrain gewinnen konnte, griffen die Einebnung traditioneller Schranken und die Tendenz zur sozialen Egalisierung ineinander. Im besonderen betraf dies die Unterorganisation der DAF, die „Kraft durch Freude", die mit ihren Freizeit- und Urlaubsprogrammen zum Symbol für die sozialen „Wohltaten" des Regimes wurde. Hinzu trat freilich die pseudo-bürgerliche Betonung der „Leistung". War er politisch-ideologisch zuverlässig, so boten sich dem Ehrgeizigen mit dem Eintritt in die Partei zuvor ungekannte Aufstiegs- und Karrierechancen. Zwar konnte die NSDAP nicht einfach an die Stelle des Staates treten. Nicht in der Beseitigung, sondern in der Instrumentalisierung des Staates und seiner Verwaltung durch das Regime liegt das Geheimnis seiner Machtentfaltung. Allmählich jedoch trat an die Stelle der alten Eliten die neue Elite der Partei.

Ein besonderes Augenmerk legte das Regime auf die Erfassung, Organisation und Mobilisierung der Jugend. 1936 per Gesetz zur Staatsjugend erhoben, absorbierte die Hitlerjugend (HJ) zum einen das antibürgerliche Protestpotential, das bereits die Jugendbewegungen der Weimarer Republik gekennzeichnet hatte. Zum anderen griff die HJ in einer völlig neuen Weise tief in die Alltagswelt der Jugendlichen ein, was dem einen zum Zwang, dem anderen zur Chance gereichen mochte. Doch hier wie anderswo resultierte die gesellschaftliche Mobilisierung im Zeichen der nationalsozialistischen Ideologie in einer ambivalenten Entwicklung: Als Partei- und Staatsjugend, die die künftige „Wehrkraft" des Deutschen Reiches verkörperte, war die HJ zwar hoch privilegiert; das institutionelle Eindringen in die Schulen gelang ihr jedoch nicht. Statt dessen klagten selbst Parteimitglieder immer häufiger über das großspurige und rücksichtslose Auftreten bestimmter HJ-Führer.

Was sich mit Blick auf die ideologische Erfassung der Jugend sagen läßt, gilt allgemein für das Verhältnis von Mobilisierung und Konsolidierung im NS-Regime. Der in den Anfangsjahren unternommene Versuch zur durchgreifenden Ideologisierung brachte seine eigenen Widersprüche hervor. So konnten sich z. B. die Bauern in dem neuen Staat zwar privilegiert fühlen, doch das galt nur vordergründig. Das im September 1933 erlassene „Reichserbhofgesetz" mochte zwar den Vorstellungen der Blut-und-Boden-Ideologen wie „Reichsbauernführer" Richard Walther Darré entsprechen. Aber ökonomisch war es kontraproduktiv: Seine praxisfernen Vorschriften wie die Nichtteilbarkeit, Nichtverkäuflichkeit und Nichtbeleihbarkeit des Bodens provozierten oft das Mißfallen der Bauern. Vergleichbares galt für die Angehörigen des gewerblichen und angestellten Mittelstandes. Vor 1933 hatte ihnen die NS-Propaganda alle möglichen sozialprotektionistischen Maßnahmen versprochen, die nun aber vor den Notwendigkeiten der ökonomischen Realität zurückzutreten hatten.

So könnte man von einer gewissen Entideologisierung sprechen, die mit der relativen Konsolidierung des Regimes seit 1935 korrespondierte. Mag dies auch für einige Maßnahmen zutreffen, so galt es zweifellos nicht für die beiden Fixpunkte der Hitlerschen „Weltanschauung": für den Rassenantisemitismus und die „Lebensraum"-Politik. Tatsächlich hat das Regime nirgendwo sonst eine annähernd vergleichbare ideologische Konsequenz bewiesen.

Der Prozeß der Diskriminierung, Entrechtung und Verfolgung der Juden begann schon in den ersten Monaten des Regimes. Er vollzog sich einerseits als Verwaltungsakt und zeichnete sich als solcher durch eine administrative Effizienz aus, die ihn in den Augen der Öffentlichkeit als „geordnet" erscheinen ließ und damit vermeintlich legitimierte; andererseits aber wurde die Judenverfolgung keineswegs bloß von oben nach unten durchgesetzt, sondern sie war das Resultat einer sich gegenseitig verstärkenden Wechselwirkung, die neben Staat und Partei alle Ebenen der deutschen Gesellschaft ergriff. Mäßigende Impulse entsprangen demgegenüber fast immer außenpolitischen und (außen-)wirtschaftlichen Rücksichtnahmen der Reichsregierung.

In der ersten Phase antijüdischer Politik, die bis zur sogenannten „Reichskristallnacht" vom 9. November 1938 dauerte, lassen sich – vereinfacht gesagt – drei Formen staatlich gesteuerter Diskriminierung und Entrechtung feststellen. Unmittelbar nach der Machtergreifung begann der Angriff auf die wirtschaftliche und berufliche Existenz der deutschen Juden. Schon Anfang April 1933 wurden jüdische Geschäfte boykottiert, jüdische Ärzte, Rechtsanwälte und Beamte aus ihren beruflichen Positionen verdrängt. Den zweiten Schritt bildete die Ausgrenzung der Juden aus dem öffentlichen und gesellschaftlichen Leben mittels einer Art Apartheidspolitik: Juden wurde die Nutzung öffentlicher Einrichtungen wie Schwimmbäder, Märkte, Bibliotheken untersagt, wobei die Kommunalverwaltungen nicht selten eine Vorreiterrolle spielten. Juristisch normiert und systematisiert wurde die Entrechtung der Juden schließlich durch die Nürnberger Rassegesetze von 1935. Indem sie das standesamtlich verifizierbare Kriterium der Religionszugehörigkeit mit rassistischen Elementen verknüpften, um zu definieren, wer „Jude" war, stellten sie – wie Raul Hilberg richtig bemerkt hat – den ersten notwendigen Schritt zur Vernichtung dar.

Gleich welcher Religion, welchen Bekenntnisses, welcher weltanschaulichen Überzeugung: Juden waren in Deutschland fortan unentrinnbar Bürger zweiter Klasse, Menschen minderen Rechts; mit „arischen" Deutschen durften sie keine Ehe mehr schließen, nicht sexuell verkehren und – sofern es nach dem Willen des Regimes ging – überhaupt keine Kontakte mehr pflegen. Tragisch war der Irrtum jener nicht wenigen, voll assimilierten und häufig getauften jüdischen Deutschen, die der rechtsstaatlichen Tradition ihres Vaterlandes soweit vertrauten, daß sie glaubten, auch unter den massiven Einschränkungen der Rassegesetze eine zumindest äußerlich sichere, in engen Bahnen „geordnete" Existenz fortführen zu können. Tatsächlich aber führte der einzige Weg zu überleben in die Emigration.

Im Verlauf des Jahres 1938 erfolgte die Zentralisierung und weitere Brutalisierung der nationalsozialistischen „Judenpolitik", womit nun auch die letzte (pseudo-)rechtsstaatliche Maske des Regimes fiel. Einen willkommenen Anlaß zum Vorwand nehmend, das Attentat eines jüdischen Jugendlichen auf den deutschen Legationsrat in Paris, Ernst vom Rath, gaben die höchsten Würdenträger des Regimes, neben Hitler vor allem Goebbels und Göring, das Signal zur Entfesselung ihrer fanatisierten Parteianhänger. Das nationalsozialistische Fußvolk setzte überall in Deutschland die Synagogen in Brand, plünderte und zerstörte jüdische Geschäfte, schüchterte Juden ein, demütigte und mißhandelte sie. Es gab mehrere hundert Todesopfer, ca. 30000 Juden wurden in Konzentrationslager gebracht, der Sachschaden bezifferte sich auf viele hundert Millionen Reichsmark.

Zugleich war die letzte Schranke gefallen: Das von den Parteioberen ins Werk gesetzte „Novemberpogrom" markierte den Wendepunkt von der antijüdischen Entrechtung und Diskriminierung hin zur offenen physischen Verfolgung und Vernichtung. Nun stieg auch die Zahl der jüdischen Emigranten noch einmal stark an. Im Mai 1939 lebten, wie eine Volkszählung ergab, nur noch 213000 „Volljuden" im Altreich. Ende 1939 waren es gerade noch 190000, ein „gebrochener Rest" (Saul Friedländer).

2. Zweiter Weltkrieg und Massenmord, Widerstand und „deutsche Katastrophe"

Nirgendwo ist Hitlers persönliche Rolle, seine Handschrift als Diktator, deutlicher zu erkennen als im Willen zum Krieg, den er Deutschland und Europa aufzwang. In einer Mischung aus ideologischem Wahn, pervertierter Rationalität und brutalster Skrupellosigkeit hat er ein „Programm" entwickelt und daran bis zu seinem Ende festgehalten. Ausführlich niedergelegt hat er dieses „Programm" in „Mein Kampf" und dem sogenannten „Zweiten Buch" von 1928; Hitler hat dabei das vor 1914 in Mitteleuropa bereits virulente völkische Denken in sich aufgenommen, in spezifischer Weise adaptiert und zu einer neuen gedanklichen Synthese weiterverarbeitet. Rassenideologische und sozialdarwinistische Prämissen wie die Überlegenheit der „arischen" Rasse, das Recht des Stärkeren und die Vorstellung, das Bewegungsgesetz der Weltgeschichte sei der unaufhörliche Kampf und Krieg zwischen den Völkern und Rassen, bildeten den Ausgangspunkt für Hitlers Überzeugung, daß der Krieg um die Erweiterung von „Lebensraum" in Osteuropa nicht nur ein notwendiges, sondern auch jenseits aller Rechtstraditionen legitimes Ziel sei. Das deutsche Volk – und mit ihm die „arische" Rasse – würden sonst an den Folgen der Überbevölkerung und eines zu geringen Nahrungsspielraums zugrunde gehen. Nach der Eroberung der Macht hat Hitler den Krieg um die Erweiterung des „Lebensraums" konsequent vorbereitet, wobei sich ideologische Fixierung, taktisches Kalkül und das opportunistische Streben nach Ausweitung der eigenen Macht nicht immer trennen lassen.

Dabei kam es Hitler zugute, daß er die Vorbereitung des „Ostkriegs" zunächst hinter der Fassade traditioneller Revisions- und Großmachtpolitik zu verbergen vermochte. Die Wiederaufrüstung, die 1935 wieder eingeführte Wehrpflicht, die 1936 durchgesetzte Remilitarisierung des Rheinlandes, der 1938 erfolgende „Anschluß" Österreichs an das Reich, schließlich auch die Revision der deutschen Ostgrenzen – dies alles waren traditionelle Ziele, die auch schon auf der Agenda der Weimarer Außenpolitik gestanden hatten. Im In- und Ausland konnte Hitler daher teilweise als erfolgreicher „Revisionspolitiker" alter Prägung mißverstanden werden.

In der Rückschau ist dies gleichwohl überraschend, denn Hitler hatte intern seinen Willen zum Krieg immer wieder bekundet. Bereits am 3. Februar 1933 skizzierte er in einer Rede vor den Spitzen der Reichswehr seine langfristigen Ziele, darunter die „Ausweitung des Lebensraumes des deutschen Volkes [...] mit bewaffneter Hand". 1936 forderte Hitler die deutsche Wirtschaft auf, innerhalb von vier Jahren kriegsbereit zu sein; im November 1937 schließlich stellte er seine Angriffspläne ganz unverblümt dar: Zuerst Österreich, dann die Tschechoslowakei sollten dem Reich einverleibt werden, bevor ein großer Krieg den Kampf um „Lebensraum" im Osten entscheiden werde. Daß es ihm bis zum „Griff nach Prag" mehr als einmal gelang, durch geschickt inszenierte Propagandareden seinen angeblichen Friedenswillen zu beteuern, trug zur Unterschätzung Hitlers bei. Tatsächlich war der Zweite Weltkrieg in gewisser Hinsicht Hitlers persönlicher Krieg: Konsequent hat er die Führung des Krieges um „Lebensraum" als sein Lebensziel deklariert und am Ende gar den Lauf der Geschichte seiner eigenen Biographie unterzuordnen gesucht.

Zwar ist die Frage, wie stark Hitlers außenpolitisches „Programm" für den Gesamtzusammenhang des NS-Regimes zu gewichten sei, in der Forschung kontrovers diskutiert worden; unbestritten ist jedoch, daß das Regime im Laufe des Jahres 1938 definitiv den Übergang von der verdeckten zur offenen Expansionspolitik vollzog. Zuvor hatte Hitler die außenpolitische wie die militärische Führungsspitze mit ihm treu ergebenen Anhängern besetzt, wobei ihm – wie des öfteren in seiner „Karriere" – der Zufall zur Hilfe kam. Eine gezielte Steuerung der „Blomberg-Fritsch-Krise" durch Hitler ist zwar nicht nachweisbar, doch er wußte die Diskreditierung der beiden Generäle im Januar 1938 zu einem umfassenden Revirement in der Führungsstruktur der Wehrmacht zu nutzen: Reichswehrminister Blomberg mußte gehen, weil er eine Frau ehelichte, deren Ruf sich bald als zweifelhaft entpuppte; der Oberbefehlshaber des Heeres, Freiherr Werner von Fritsch, wurde wegen des erwiesenermaßen fingierten Verdachts der Homosexualität verabschiedet. Hitler übernahm nun selbst den Oberbefehl über die Wehrmacht und schuf sich daneben eine neue, weisungsgebundene und nur dem „Führer" unterstehende Behörde, das „Oberkommando der Wehrmacht" unter General Wilhelm Keitel. Einmal mehr bewies Hitler auch sein Improvisationstalent, indem er zugleich den Reichsaußenminister Konstantin von Neurath, einen weiteren Vertreter der „traditionellen" Eliten, durch seinen Günstling Joachim von Ribbentrop ersetzte. Der Weg in den Krieg, den Hitler nunmehr zielstrebig beschritt, war damit auch innenpolitisch abgesichert.

Hitler setzte im Verlauf des Jahres 1938 auch in der Außenpolitik jene Taktik ein, die er innenpolitisch bereits mit Erfolg angewandt hatte. Einschüchterung, Nötigung und die unverhüllte Androhung von Krieg und Gewalt zwangen zunächst die österreichische Regierung unter Kurt von Schuschnigg zur Kapitulation: Toleriert von Mussolini, begleitet von lediglich schwachen diplomatischen Protesten der Westmächte und unter ungeheurem Jubel eines Großteils der einheimischen Bevölkerung, vollzog Hitler am 12. März 1938 den „Anschluß" Österreichs. In Wien veranstalteten die Nationalsozialisten, wie sich Carl Zuckmayer rückblickend erinnerte „einen Hexensabbat des Pöbels und ein Begräbnis aller menschlichen Würde", die es vor allem auf die Juden abgesehen hatten: „Hier war nichts losgelassen als die dumpfe Masse, die blinde Zerstörungswut, und ihr Haß richtete sich gegen alles durch Natur oder Geist Veredelte".

Bald nach dem „Anschluß" Österreichs tat Hitler den nächsten Schritt auf dem Weg zur gewaltsamen Expansion des „Großdeutschen Reichs": Am 30. Mai gab er Weisung, den militärischen Einmarsch in die Tschechoslowakei vorzubereiten; als Stichtag setzte er den 1. Oktober 1938 fest. Zusammen mit dem ihm ergebenen Führer der Sudetendeutschen Partei, Konrad Henlein, betrieb Hitler im Frühjahr und Sommer 1938 eine Strategie der Provokation und der Einschüchterung, um so die deutsch-tschechischen Spannungen zu verschärfen. Doch als Ende September schon alle Zeichen auf Krieg standen, lenkten in letzter Minute England und – in seinem Schlepptau – Frankreich ein. Im Zeichen des „Appeasement" ließen die Westmächte im Münchner Abkommen vom 29. September 1938 die Tschechoslowakei fallen und gestanden Hitler die Annexion des Sudetenlandes zu. Noch einmal schien der Frieden gerettet, und entsprechend groß war der Jubel in den westeuropäischen Hauptstädten.

Das Verhalten Großbritanniens und seines Premierministers Neville Chamberlain ist bis heute Gegenstand heftiger Kontroversen. Hätte nicht allein eine entschiedene, konsequent abschreckende Haltung der Westmächte die letzte Chance geboten, den Weltkrieg zu verhindern? Diese Frage stellt sich um so mehr, als sich angesichts der wachsenden Kriegsgefahr eine gut organisierte innerdeutsche Militäropposition um den zurückgetretenen Generaloberst Ludwig Beck gebildet hatte. Von einem Krieg mit den Westmächten befürchtete man in diesem Kreis nichts weniger als „finis Germaniae" (Ernst von Weizsäcker). Während ihre Emissäre in London die britische Regierung insgeheim zur kompromißlosen Härte aufforderten, bereiteten die Verschwörer in den letzten Septembertagen den Staatsstreich vor: Sobald Hitler mit seinem Angriffsbefehl gegen die Tschechoslowakei einen in Deutschland zweifellos höchst unpopulären Krieg auslösen würde, sollte er verhaftet und als Kriegstreiber vor Gericht gestellt oder gar für geisteskrank erklärt werden.

Schlug nicht das Einlenken Londons der deutschen Militäropposition das entscheidende Argument aus der Hand? Die Verschwörer empfanden es so, der Staatsstreich wurde abgesagt. Für lange Zeit verlor der militärische Widerstand jegliche Bedeutung. Andererseits aber offenbarte sich darin auch seine ganze innere Schwäche: Allzu lange fehlte ihm der unbedingte Wille zur Tat; statt dessen machte er seine Aktionen von äußeren Umständen abhängig, die er selbst nicht beeinflussen konnte. Und was die britische Haltung betrifft, so wird sie verständlich, wenn man sie an der nüchternen Analyse britischer Interessen mißt: Im Herbst 1938 war England für eine kriegerische Auseinandersetzung unzureichend gerüstet. Unabhängig davon, ob das Münchener Abkommen den Frieden sichern würde oder nicht, es war wertvolle Zeit erkauft worden: Zeit, die zur Verkürzung des Rüstungsrückstandes insbesondere bei der Luftwaffe genutzt werden konnte.

Wer ernsthaft geglaubt hatte, das Münchner Abkommen werde das Dritte Reich saturieren und eine neue europäische Friedensordnung begründen können, mußte nur allzu bald seinen Irrtum erkennen. Da sich Hitler durch die Nachgiebigkeit der Westmächte selbst geprellt und um „seinen" Krieg gebracht sah, setzte er alle Hebel in Bewegung, um diese „Niederlage" aus der Welt zu schaffen. Er zögerte keinen Augenblick, den Weg in den Krieg fortzusetzen. Bereits am 21. Oktober 1938 erteilte er die Weisung, die „Erledigung der Resttschechei" militärisch vorzubereiten. Der „Griff nach Prag" am 15. März 1939, die Zerschlagung und Besetzung der Tschechoslowakei führte zur Kursrevision der Westmächte. Während Hitler schon am 11. April 1939 die Weisung erließ, den „Fall Weiß", den Angriff auf Polen vorzubereiten, ließ die britische Regierung diesmal keinen Zweifel daran, daß sie einem solchen Angriff nicht tatenlos zusehen werde. Und je deutlicher Großbritannien sich zur Integrität Polens bekannte, desto unvermeidlicher schien der Krieg zu werden.

Zur entscheidenden diplomatischen Wende in diesem hektischen Sommer des Jahres 1939 wurde indes der Hitler-Stalin-Pakt vom 23. August. Das überraschende Einvernehmen mit dem ideologischen „Todfeind" ermöglichte es dem Dritten Reich nicht nur, sich wichtiger Rohstofflieferungen aus der Sowjetunion zu versichern, sondern vor allem, Polen „in Ruhe" anzugreifen, ohne sich der Gefahr eines Zweifrontenkrieges auszusetzen. In den Augen Hitlers und seines Außenministers von Ribbentrop waren diese Vorteile weitgehende Konzessionen wert: In dem berüchtigten geheimen Zusatzprotokoll wurden der Sowjetunion die baltischen Staaten, der östliche Teil Polens und Bessarabien als „Interessensphäre" zugebilligt. Ideologischer Gegensatz und taktisches Kalkül schlossen sich bei keinem der beiden Diktatoren aus.

Mit dem deutschen Angriff auf Polen am 1. September 1939 begann der „letzte europäische Krieg" (John Lukacs). Er war zunächst geprägt durch die scheinbar unwiderstehliche Wucht der entfesselten deutschen Kriegsmaschinerie. Schon die Struktur der deutschen Rüstungswirtschaft begründete die Dynamisierung der Kriegführung. Im Vordergrund hatte die „Breitenrüstung" gestanden, d. h. vor allem der Ausbau moderner Waffengattungen wie Luft- und Panzerwaffe. Demgegenüber war die gestaffelte „Tiefenrüstung", die die innere Produktions- und Infrastruktur für einen längeren Krieg bereitgestellt hätte, vernachlässigt worden. Die „Blitzsiege", die die deutsche Wehrmacht zunächst in Polen, dann in Norwegen, schließlich auch gegen den alten Widersacher Frankreich erzielte, waren mithin auch ein Resultat des geballten, auf kurzfristige Wirkung setzenden Einsatzes einer strategischen und waffentechnischen Übermacht. Die Kapitulation Frankreichs im Waffenstillstand von Compiègne am 22. Juni 1940 führte Hitler auf den Zenit seiner Macht und wahrscheinlich auch seines innenpolitischen Ansehens.

Aber schon die zweite Hälfte des Jahres 1940 brachte einen ersten Rückschlag für den Diktator, als nämlich der Versuch scheiterte, nun auch England durch eine neue Form des totalen Luftkrieges in die Knie zu zwingen. Tatsächlich bildete das Jahr 1940 den Scheitelpunkt in Hitlers Herrschaft: War ihm in den sieben Jahren zuvor so gut wie alles gelungen, so gelang ihm in den fünf folgenden Jahren so gut wie nichts mehr. Sein geradezu unheimliches Erfolgsrezept, die Mischung aus Verstellung und Verführung, Einschüchterung und Gewalt, hatte seine Wirksamkeit verloren. Statt dessen provozierte und festigte es nun die Koalition der Kriegsgegner, die, so heterogen sie auch sein mochte, in einem ganz wörtlichen Sinn zur „Anti-Hitler-Koalition" wurde.

Zuvor aber ergriff Hitler die Möglichkeit, seine ideologischen Kernziele weiter voranzutreiben. Schon bald nach dem Abbruch der „Schlacht um England", am 18. Dezember 1940, erteilte er die Weisung, bis zum 15. Mai 1941 die militärischen Vorbereitungen für das „Unternehmen Barbarossa", den Angriff auf die Sowjetunion, abzuschließen. Nach dem Balkanfeldzug im Frühjahr 1941 und der Kapitulation Jugoslawiens und Griechenlands begann am 22. Juni der Rußlandfeldzug. Und als sich das Deutsche Reich nach dem japanischen Überfall auf Pearl Harbour auf die Seite seines fernöstlichen Verbündeten stellte und am 11. Dezember 1941 auch den USA den Krieg erklärte, war aus dem „letzten europäischen Krieg" der Zweite Weltkrieg geworden.

Hitler und große Teile der deutschen Generalität waren überzeugt, auch gegen die Rote Armee, die schlecht ausgerüstet war und nach den stalinistischen Säuberungen der späten dreißiger Jahre als demoralisiert galt, einen raschen „Blitzsieg" erzielen zu können. Erste große Erfolge im Sommer schienen den Optimismus zu bestätigen; sie trugen die deutschen Truppen auf breiter Front bis vor Leningrad und bis kurz vor den Stadtrand von Moskau, im Süden bis zum Don. Aber gegen Ende des Jahres blieb der deutsche Vormarsch im Regen und Schlamm, schließlich in der Kälte des früh hereinbrechenden Winters stecken. Mit dem Wettlauf gegen die Zeit war auch der Krieg strategisch verloren. Nach dem Kriegseintritt der USA drohte eine westalliierte Landung in Frankreich und damit die Eröffnung einer neuen Front im Westen, während sich der Vorstoß im Osten immer mehr in den Tiefen des russischen Raumes verfing. Trotz erneuter deutscher Raumgewinne änderte auch der Feldzug des Jahres 1942 nichts an dieser Situation. Zum Symbol für die Wende im Weltkrieg wurde das Schicksal der Sechsten Armee, die bis Stalingrad vorgestoßen war. Als sie im November 1942 von der Roten Armee eingekesselt zu werden drohte, befahl Hitler gegen den erklärten Willen ihres Befehlshabers, General Friedrich Paulus, die Stadt unter allen Umständen zu halten und auf Entsatz zu warten. Das Resultat war der Totalverlust der gesamten Armee: Ende Januar 1943 mußte sie kapitulieren, ihre Reste – 91 000 Mann – gingen in die sowjetische Kriegsgefangenschaft. Nur wenige von ihnen kehrten nach Kriegsende nach Deutschland zurück. Kurz zuvor hatten sich der britische Premierminister Winston Churchill und der amerikanische Präsident Franklin D. Roosevelt im weit entfernten Casablanca darauf verständigt, den Krieg bis zur bedingungslosen Kapitulation der Deutschen fortzuführen.

In dem Maße, wie das eine ideologische Hauptziel, die Eroberung neuen „Lebensraums" im Osten, in unerreichbare Ferne rückte, wurde die Verwirklichung des anderen um so nachhaltiger forciert: die Vernichtung der Juden. Bis heute wird in der Forschung kontrovers über die Ursachen der „Endlösung" diskutiert. Bildete sie den Schlußpunkt eines zielgerichteten, ideologisch und „intentional" begründeten Prozesses? Oder ergab sie sich „funktional", aus jenen „Sachzwängen" gleichsam, die die „kumulative Radikalisierung" (Hans Mommsen) des polykratischen Regimes in ungesteuerter Weise aus sich selbst hervorgebracht hatte? Je genauer die neueste Forschung die Mechanismen der Vernichtungsmaschinerie analysiert, desto weniger überzeugend erscheint diese Alternative. Regionale, biographische und sonstige Spezialuntersuchungen zeigen immer deutlicher, daß letztlich beide Faktoren zusammenwirkten: Der ideologisch begründete Vernichtungswille nicht nur Hitlers und der engsten Führungsschicht des NS-Regimes, sondern auch einer unübersehbaren Vielzahl anonymer Täter verband sich mit der Eigendynamik und der Last der Folgeprobleme, die die forcierte Entrechtung und Ghettoisierung der Juden im östlichen Mitteleuropa heraufbeschworen. Insgesamt unbestritten ist dabei, daß erst der Ostkrieg die Logistik des Grauens ermöglichte.

Nach wie vor bleiben zwar erhebliche Unsicherheiten über Einzelfragen bestehen. Wenn z. B. kaum mehr bestritten wird, daß es einen – mündlichen – „Führerbefehl" zur umfassenden Ermordung der europäischen Juden gegeben haben muß, so bleibt dessen genaue Datierung doch offen. Erging er im Frühsommer 1941, als die Hochstimmung der Anfangserfolge an der Ostfront die Inangriffnahme des systematischen Judenmords nahelegte, oder Ende 1941, als das Steckenbleiben der deutschen Offensive die Möglichkeit einer „territorialen Endlösung", also die Abschiebung der europäischen Juden in die ferneren Gebiete der Sowjetunion, schwinden ließ? Insgesamt aber ergibt sich trotz dieser Unklarheiten ein hinreichend gesichertes Bild vom Ablauf der Ereignisse. Der Krieg gegen die Sowjetunion ist von Beginn an als Vernichtungskrieg geplant und durchgeführt worden, in welchen auch die Wehrmacht involviert war. Schon in den ersten Kriegswochen nahmen Einsatzgruppen des Sicherheitsdienstes der SS und der Sicherheitspolizei – zusammen mit kollaborationswilligen Einheimischen und teilweise unter dem Schutz von Wehrmachtseinheiten – unter der Zivilbevölkerung der eroberten Gebiete Massenerschießungen vor. Die Zahl der Opfer bis

Ende 1941 wird auf ca. 500 000 geschätzt. Dabei stützten sich die Einsatzgruppen auf die „Barbarossa"-Befehle Hitlers, vor allem den „Kommissar-Befehl", der die Liquidierung sowjetischer Staats- und Parteifunktionäre anordnete, sowie auf Anweisungen Himmlers. Im Verlauf der zweiten Jahreshälfte 1941 erfolgte dann die Systematisierung der Morde, nachdem die Grenzen der Einsatzgruppen in bezug auf „Effizienz", Geheimhaltung und psychische Belastbarkeit erkennbar geworden waren. Auf der „Wannsee-Konferenz" vom 20. Januar 1942 resümierte Reinhard Heydrich den bereits vollzogenen Beschluß zur vollständigen Vernichtung der europäischen Juden. Das Sitzungsprotokoll gewährt einen der schauerlichsten Einblicke in die menschenverachtende Denkweise der NS-Führung. Nachdem er das Ende der „Lösung" der „Judenfrage" durch Auswanderung konstatiert hatte, teilte Heydrich den Anwesenden unter anderem mit: „Unter entsprechender Leitung sollen nun im Zuge der Endlösung die Juden in geeigneter Weise im Osten zum Arbeitseinsatz kommen. In großen Arbeitskolonnen, unter Trennung der Geschlechter, werden die arbeitsfähigen Juden straßenbauend durch diese Gebiete geführt, wobei zweifellos ein Großteil durch natürliche Verminderung ausfallen wird. Der allfällig endlich verbleibende Restbestand wird, da es sich bei diesem zweifellos um den widerstandsfähigsten Teil handelt, entsprechend behandelt werden müssen, da dieser, eine natürliche Auslese darstellend, bei Freilassung als Keimzelle eines neuen jüdischen Aufbaues anzusprechen ist."

Schon gegen Ende des Jahres 1941 hatte Himmler den Bau des ersten Vernichtungslagers im polnischen Belzec angeordnet. Entscheidend für die damit in Gang gesetzte „Aktion Reinhardt" war die „Expertise" jenes Personals, das zuvor schon die Vergasung der Euthanasieopfer organisiert hatte (Aktion T 4). Bis Sommer 1942 wurden mit Belzec, Treblinka und Sobibor die ersten drei Vernichtungslager fertiggestellt. Zwischen März 1942 und Oktober 1943 wurden hier ca. 1,75 Millionen Juden, vor allem aus Polen, durch Vergasung umgebracht. Die weitere Perfektionierung des systematischen, fabrikmäßig organisierten Genozids erfolgte dann vor allem in Auschwitz-Birkenau, das damit zum grauenvollsten Synonym für die Entmenschlichung des Menschen im 20. Jahrhundert wurde. Zweifellos bleibt die Frage, welche Faktoren den industriellen Massenmord an rund sechs Millionen europäischen Juden bewirkten, was eine erhebliche Anzahl von Organisatoren des Holocaust und eine unübersehbare Vielzahl von „einfachen" Tätern zu aktiven Komplizen des Verbrechens werden ließ, eine dauerhafte Herausforderung für die historische Forschung wie auch für die Anstrengung historischen Erinnerns. Gleichwohl und trotz aller Erkenntnisfortschritte, die die „Holocaust"-Forschung in den vergangenen Jahrzehnten erzielt hat, bleibt ein irreduzibler Rest, der sich der strengen Logik des Quellenstudiums ebenso entzieht wie dem Begreifen der Nachwelt.

Beides, die immer deutlicher sich abzeichnende totale Niederlage und die beispiellosen Verbrechen, führte auch dem Widerstand neue Kräfte zu. Beweggründe und Ziele, Organisations- und Aktionsformen der verschiedenen deutschen Widerstandsgruppen sind eingehend erforscht worden; und für die kollektive Erinnerung der Deutschen spielt der Widerstand eine zentrale, aber auch kontrovers diskutierte Rolle. Dabei dürfte unbestreitbar sein, daß angesichts der Monstrosität des Verbrechens jedweder Widerstand gegen Hitler eine eigenständige Dignität beanspruchen kann, gleich welcher weltanschaulichen Quelle er entsprang. Kirchlichem wie studentischem, bürgerlichem wie sozialistischem, aber auch dem kommunistischen Widerstand eignete eine je spezifische moralische Kraft und Würde. Ebenso unbestreitbar ist aber, daß der einzige Widerstand, der eine gewisse Chance auf Erfolg besaß, aus dem Lager des Militärs kam. Allein die bewaffnete Macht verfügte über hinreichende Mittel und Wege, Attentat und Staatsstreich zu organisieren und durchzuführen. So wie allein die Reichswehr die Machtmittel besessen hätte, Hitlers Herrschaft an ihrem Beginn zu stoppen, so hatte allein der militärische Widerstand eine realistische Chance, die nationalsozialistische Tyrannei von innen heraus zu beenden.

Über die Opportunität eines Attentates konnte lange Zeit im militärischen Widerstand kein Einvernehmen erzielt werden. Angesichts ihres Schwankens zwischen Patriotismus, Kriegsloyalität und Hitlerfeindschaft konnten sich nur die wenigsten Offiziere zu einer ähnlich klaren Haltung durchringen, wie sie Henning von Tresckow vom Stab der Heeresgruppe Mitte 1944 klassisch formuliert hat: „Das Attentat auf Hitler muß erfolgen, coûte que coûte. Denn es kommt nicht mehr auf den praktischen Zweck an, sondern darauf, daß die deutsche Widerstandsbewegung vor der Welt und vor der Geschichte unter Einsatz des Lebens den entscheidenden Wurf gewagt hat."

Die großangelegte Verschwörung, zu deren treibender Kraft seit 1943 der junge Claus Schenk Graf von Stauffenberg wurde, koppelte die erfolgreiche Durchführung des Attentats an den Plan eines unmittelbar darauf folgenden Staatsstreiches. Einer Umsturzregierung, die Hitler und sein Regime entmachtet hatte, so hofften viele Verschwörer, allen voran ihr ziviles Oberhaupt Carl Goerdeler, würden die Alliierten einen Verhandlungsfrieden nicht versagen können. Unterdessen jedoch lief den Verschwörern die Zeit davon. Nachdem mehrere Attentatsversuche gescheitert waren, erhielt Stauffenberg selbst am 20. Juli 1944 erneut Zugang zu einer Lagebesprechung bei Hitler in der „Wolfsschanze". Die Aktion „Walküre" konnte endlich beginnen.

Daß Hitler das Bombenattentat vom 20. Juli fast unverletzt überlebte, gehört zur Tragik des deutschen Widerstands; daß sein Überleben die von den Verschwörern geknüpfte Befehlskette reißen ließ, bevor sie überhaupt in Gang gesetzt wurde, ist aber auch ein Indiz für das hohe Maß an innerer Kohäsion, über das der „Führerstaat" kurz vor seinem Ende noch verfügte. Der sofort nach dem 20. Juli einsetzenden Verhaftungs-, Prozeß- und Hinrichtungswelle entgingen nur wenige Verschwörer des engeren Kreises. Insbesondere den preußischen Adel und seine militärische Elite hat sie physisch dezimiert. Hitlers Rachefeldzug leitete die endgültige soziale und politische Entmachtung des ostelbischen Adels ein, die später durch die Vertreibung aus den deutschen Ostgebieten und die „Bodenreform" in der Sowjetischen Besatzungszone vervollständigt wurde. Die Kriegsgeschehnisse nahmen unterdessen ihren Lauf. Bereits im September 1943 hatte der wichtigste deutsche Verbündete, der „Achsen"-Partner Italien, nach dem Sturz Mussolinis kapituliert. Im Juni 1944 war den Alliierten die Landung in der Normandie gelungen. In den folgenden Wochen brach die deutsche Herrschaft über Frankreich zusammen, und im September 1944 erreichten die Alliierten die deutsche Westgrenze.

Ebenfalls im Sommer 1944 holte die Rote Armee zur entscheidenden Großoffensive aus und drang Ende Juli bis zur Weichsel vor. Hier in Polen, wo der Weltkrieg mit dem deutsch-sowjetischen Einvernehmen begonnen hatte, erreichte die totalitäre Vernichtungspolitik noch einmal einen grausamen Höhepunkt: Im August und September 1944 schlugen Einheiten der Waffen-SS mit extremer Brutalität den Warschauer Aufstand nieder. Rund 150 000 Zivilisten wurden getötet und die Stadt dem Erdboden gleichgemacht, während die Rote Armee am anderen Ufer der Weichsel tatenlos zusah. Im Oktober 1944 erreichten die sowjetischen Streitkräfte schließlich Ostpreußen, womit der Krieg endgültig auf deutsches Territorium zurückschlug.

Es gehört zu den unauflöslichen Verwicklungen der Epoche, daß die Zivilbevölkerung der deutschen Ostgebiete, neben Ostpreußen Danzig, Pommern und Schlesien, in besonderem Maße dafür bezahlen mußte, daß der Krieg im Osten als Vernichtungsfeldzug angelegt und durchgeführt worden war. Die Kriegsgreuel der Roten Armee lassen sich in ihrem historischen Kontext und in ihrer Kausalität ebensowenig von den nationalsozialistischen Kriegsverbrechen trennen wie die Zerstörung deutscher Städte durch die britische Luftwaffe; aber der Preis, den die deutsche Bevölkerung für Hitlers Krieg zu entrichten hatte, war ungleich verteilt. Mehr als zehn Millionen Deutsche zahlten ihn durch Flucht und Vertreibung, mit dem Verlust der Heimat. Zugleich aber brachte das Ende des Krieges, die bedingungslose Kapitulation, den Deutschen die

Befreiung, nicht selten im ganz direkten, physischen Sinne. „Der eine kehrte heim, der andere wurde heimatlos", wie Bundespräsident Richard von Weizsäcker am 8. Mai 1985 rückblickend konstatierte. Und im gleichen Sinne sprach schon Theodor Heuss von der „tragischste[n] und fragwürdigste[n] Paradoxie" der deutschen Geschichte: „weil wir erlöst und vernichtet in einem gewesen sind". Auch wenn es problematisch ist, für das Resultat der nationalsozialistischen Gewaltherrschaft den Begriff der Tragik zu bemühen: Zumindest auf der erfahrungsgeschichtlichen Ebene verkörpert der 8. Mai 1945 in seiner unerbittlichen Gleichzeitigkeit von Zerstörung und Befreiung, von Verlust und Hoffnung, von absoluter Niederlage und neuer Perspektive eine nicht aufzuhebende Ambivalenz der deutschen Geschichte, die auch die Erinnerung an ihn erschwert.

IV. Zwischen Nachkriegszeit und Kaltem Krieg: Zwei deutsche Staatsgründungen (1945–1955)

1. Die Bundesrepublik und die Westintegration

Betrachtet man die deutsche Geschichte im 20. Jahrhundert unter dem Aspekt von Kontinuität und Diskontinuität, so kann man im Jahr 1945 mit guten Gründen die tiefste Zäsur erkennen. Schon in staatlicher wie in territorialer Hinsicht führte keine direkte Kontinuitätslinie über das Kriegsende hinweg. Als Staaten hatten nicht nur das Deutsche Reich, sondern auch die Länder aufgehört zu existieren; überall übten die alliierten Militärregierungen die staatliche Hoheitsgewalt aus. Die Ostgebiete, jahrhundertealtes deutsches Siedlungsgebiet, gerieten im Zuge der Vertreibung der deutschen Bevölkerung zur territorialen Manövriermasse. Als Preis für die von Stalin geforderte und von den Westmächten auf den Konferenzen von Jalta und Potsdam gebilligte Westverschiebung

Polens wurden sie unter polnische bzw. – im Falle des nörd-
lichen Ostpreußen – sowjetische „Verwaltung" gestellt.

Das westlich der Oder-Neiße-Linie gelegene Deutschland
und hier besonders die westlichen Besatzungszonen wurden
hingegen zum Ziel einer riesigen Fluchtbewegung. Mehr als
12 Millionen Flüchtlinge stellten die größte gewaltsame Bevölkerungsverschiebung in Europa und den größten demogra-
phischen Umbruch in Deutschland in der neueren Geschichte
dar. Hinzu kamen die Millionen „Entwurzelten" und „Dis-
placed Persons", d.h. die Evakuierten und Ausländer, vor
allem ehemalige Fremdarbeiter. Trotz der Kriegsverluste stieg
daher auf dem Gebiet der späteren Bundesrepublik die Bevölkerung um fast 25 % an, was die ohnehin dramatischen
sozialökonomischen Kriegsfolgen nachhaltig verschärfte. Denn
was die Menschen in dieser „Zusammenbruchgesellschaft"
(Christoph Kleßmann) besonders bewegte, waren zunächst die
Probleme des täglichen Überlebens: Wohnungsnot, Kohle-
mangel, Hunger und andere Entbehrungen gehörten zu den
ebenso elementaren wie prägenden Erfahrungen, die ein
Großteil der Deutschen über mindestens drei Jahre hinweg
machte. Solche millionenfach geteilte Sorge um die nackte
physische Existenz bestimmte den Alltag der Nachkriegszeit in
sehr viel dumpferer, prosaischerer Weise, als es manche
nostalgischen Bilder von Trümmerfrauen und Schwarzmarkt
suggerieren mögen. Der wirtschaftliche Wiederaufbau scheiterte vorerst an mangelnden Transportkapazitäten, der will-
kürlichen Zerschneidung gewachsener Wirtschaftsräume durch
die Viermächteverwaltung und an den Industriedemontagen
der Alliierten. Erst mit der amerikanischen Wirtschaftshilfe im
Rahmen des 1947 verkündeten Marshallplans und der am
20. Juni 1948 durchgeführten Währungsreform besserten sich
die Verhältnisse.

Den ersten deutlichen Anzeichen ökonomischer Erholung,
die sich seit 1948 einstellten, war der politische Neuanfang
vorangegangen. Unter dem wachsamen Auge der Siegermächte vollzog er sich von unten nach oben, zunächst auf kommu-
naler, seit 1946 auch auf der Länderebene. Zugleich wurde

die Wieder- und Neugründung demokratischer Parteien zugelassen und vorangetrieben. Ein weiteres Mal offenbarte sich hier die historische Zäsur, die das Ende des Zweiten Weltkriegs für die deutsche Geschichte bedeutete. Die politischen Eliten wurden mehr oder minder vollständig ausgewechselt und dies in doppelter Hinsicht: Die ehemaligen nationalsozialistischen Amtsträger und Parteigrößen hatten keine Chance zu einem politischen Comeback; und während in den Nürnberger Prozessen die NS-Prominenz demonstrativ abgeurteilt wurde, schlossen die alliierten Militärbehörden die kleineren und mittleren nationalsozialistischen Funktionsträger konsequent vom politischen Wiederaufbau aus. Nationalsozialistische Bürgermeister, Landräte etc. wurden abgesetzt, wie die Parteifunktionäre interniert und durch politisch unbelastete Personen ersetzt. Aber auch die traditionellen, konservativ-aristokratischen Eliten spielten keine Rolle mehr. Darin unterschied sich der politische Neuanfang nach 1945 entscheidend von der ersten deutschen Demokratie. Nach 1945 waren es fast durchweg die überzeugten Demokraten der Weimarer Republik, die nun in den Westzonen – nach einer Zeit der politischen Opposition, der Verfolgung oder des Exils – die Politik der ersten Stunde bestimmten. Ehemalige Angehörige der Weimarer Koalitionsparteien wie Konrad Adenauer, Theodor Heuss oder Kurt Schumacher prägten den demokratischen Neuaufbau nach 1945.

Auch im Hinblick auf die Parteien bildete das Jahr 1945 daher eine tiefe Zäsur in der neuesten deutschen Geschichte. Anders als dies nach dem Ersten Weltkrieg der Fall gewesen war, fand nun das traditionelle Parteiensystem keine Fortsetzung mehr. Dies galt insbesondere für die Christlich Demokratische Union (CDU) und die Christlich Soziale Union (CSU), die sich von Beginn an als echte Neugründungen und im interkonfessionellen Sinn verstanden. Die Unionsparteien boten damit nicht nur ehemaligen Politikern, Mitgliedern und Wählern der Zentrumspartei bzw. der BVP, sondern auch der konservativ-protestantischen DNVP eine neue und dauerhafte politische Heimat. Analoges galt für die neugegründeten liberalen Parteien, unter denen sich die Freie Demokratische Partei (F.D.P) als langfristig bedeutsames Element in der westdeutschen Parteienlandschaft etablierte. Aber auch die nach 1945 wiedergegründete Sozialdemokratie veränderte ihren Charakter, nicht zuletzt aufgrund des Fortfalls der kommunistischen Konkurrenz, die sich seit Mitte der fünfziger Jahre gänzlich in der ostdeutschen SED-Diktatur verkörperte. Die Tatsache, daß es in den ersten Jahrzehnten der Bundesrepublik links neben der SPD keine größere politische Kraft mehr gab, erleichterte es der Partei zweifellos, die Reste der marxistischen Orthodoxie abzustreifen und mit dem Godesberger Programm von 1959 definitiv den Übergang von der Arbeiter- zur „Volkspartei" zu vollziehen.

Allerdings stand der Neuaufbau fast von Beginn an im Schatten der sich abzeichnenden deutschen Teilung. Sowenig man die Ursachen des Kalten Krieges monokausal erklären kann, so offenkundig war die Teilung Deutschlands und des europäischen Kontinents seine unmittelbare Folge. Schon auf der Potsdamer Konferenz vom 17. Juli bis zum 2. August 1945 wurden die Risse in der Anti-Hitler-Koalition deutlich. So konnte die Konferenz nicht zum Auftakt einer gemeinsamen alliierten Deutschlandpolitik werden; vielmehr leitete sie deren Ende ein. Angesichts der diametral entgegengesetzten Wirtschafts- und Gesellschaftssysteme, divergierender nationaler Interessen und des ideologisch verbrämten Expansionismus Stalins zerbrach das heterogene Kriegsbündnis. Sein einziger gemeinsamer Nenner bestand in der bedingungslosen Kapitulation Deutschlands, der Vernichtung des Nationalsozialismus und der dauerhaften Zerschlagung des deutschen Militärpotentials. Als dieses Ziel erreicht war, hatten sich auch die Gemeinsamkeiten der Kriegskoalition erschöpft.

Zwar wollten auf der Konferenz von Potsdam im Sommer 1945 die „Großen Drei" – das heißt die USA, die Sowjetunion und Großbritannien – an Deutschland als Einheit zunächst festhalten. Was jedoch beschlossen wurde, besaß den Charakter von Formelkompromissen. Den allgemein formulierten Zielen wie Entnazifizierung und Entmilitarisierung, Demokratisierung und Dezentralisierung hätte wohl auch die große Mehrheit der Deutschen selbst zugestimmt. Dort aber, wo es um materielle Interessen wie die Frage der Reparationen und das Abstecken von Einflußsphären ging, traten die unüberbrückbaren Gegensätze sofort zu Tage. Der Dissens institutionalisierte sich im Alliierten Kontrollrat – formal der Träger der Hoheitsgewalt für ganz Deutschland, dem nun auch Frankreich beitrat – und prägte fortan die alliierten Außenministerkonferenzen.

Angesichts der prekären Versorgungslage, der politischen Labilität in Europa und der sowjetischen Herausforderung war es für die angelsächsischen Mächte von zentraler Bedeutung, zumindest in den westlichen Besatzungszonen eine Konsolidierung zu erreichen. Diesem Kalkül entsprangen die Gründung der Bizone am 1. Januar 1947 ebenso wie die Anstrengungen zur wirtschaftlichen Stabilisierung. Beides lief bereits auf das Projekt eines westlichen Teilstaates zu. Die Londoner Sechsmächtekonferenz, die vom 20. April bis 2. Juni 1948 die drei Westalliierten und die Benelux-Staaten zusammenführte, zog denn auch die Konsequenz aus dieser Entwicklung. Der Weg zum Grundgesetz und zur Gründung der Bundesrepublik war damit geebnet.

Dieser Weg wurde von den demokratischen Politikern der westlichen Besatzungszonen bzw. Länder zielstrebig beschritten. Die Aussicht, den Neuaufbau innerhalb eines zumindest teilstaatlichen Rahmens vorantreiben zu können, wog schwerer als die berechtigten Bedenken, dadurch die deutsche Teilung zu vertiefen. Zugleich verschoben sich die politischen Gewichte, als sich der Parlamentarische Rat am 1. September 1948 konstituierte. Langsam verloren die Ministerpräsidenten als Vertreter der Länder ihre bis dahin führende Rolle, während zugleich die Bedeutung der Parteipolitiker zunahm. Der Parlamentarische Rat bot seinem Präsidenten, Konrad Adenauer (CDU), dem Vorsitzenden des Hauptausschusses, Carlo Schmid (SPD), und anderen herausragenden Parlamentariern wie Theodor Heuss und Thomas Dehler (beide FDP) eine kongeniale politische Bühne.

Nach eigenem Verständnis schuf der Parlamentarische Rat mit dem Grundgesetz ein reines Provisorium, einen „Notbau" (Carlo Schmid), der das Tor zur Wiedervereinigung offenhalten und daher auch nicht die Weihe einer Volksabstimmung erhalten sollte. Die neue Zentralgewalt wurde strikt parlamentarisiert. Ob er es will oder nicht: Der Bundestag ist das gewählte Zentrum der parlamentarischen Regierungsform und wird als solches nicht aus der politischen Verantwortung entlassen, vielmehr in sie hineingezwungen. Er kann nicht – wie der Reichstag in der Weimarer Republik – ohne weiteres aufgelöst werden und besitzt auch kein Selbstauflösungsrecht. Eine Regierung stürzen kann der Bundestag nur durch die Wahl einer neuen, und seine legislative Willensbildung kann durch kein Instrument direkter Demokratie, durch Volksbegehren und Volksentscheid, konterkariert werden. Kein Zweifel: Wenn irgendwann aus der Geschichte gelernt wurde, dann im Parlamentarischen Rat, der mit seinem strikt repräsentativ-demokratischen Organisationsstatut ganz bewußt eine „Anti-Weimar"-Verfassung schuf. So hat sich das Grundgesetz zu den Erfolgsgaranten der Bundesrepublik entwickelt. Entsprechend ergänzt und modifiziert, ist es längst vom „Provisorium" zur vollgültigen Verfassung geworden. Es hat politische Spielregeln hervorgebracht und normiert, die funktionieren. Auch ohne direkt-demokratische Beteiligung ist es flexibel genug, um für Veränderungen offen zu sein, und von genügender normativer Stärke, um Kontinuität im Wandel zu gewährleisten.

Daß die am 23. Mai 1949 aus der Taufe gehobene Bundesrepublik Deutschland innerhalb weniger Jahre zu einem weitgehend gleichberechtigten Partner im westlichen Bündnis avancierte und 1955 in die (Teil-)Souveränität entlassen wurde, verbindet sich in der Rückschau vor allem mit dem Namen ihres ersten Bundeskanzlers, Konrad Adenauer. Freilich lagen die meisten Faktoren, die ihm dabei zugute kamen, weit außerhalb seiner Einflußmöglichkeiten. In erster Linie waren dies die Verschärfung des Ost-West-Gegensatzes und die Wende der amerikanischen Politik zur globalen Strategie

der „Eindämmung" gegenüber der Sowjetunion. Deren Logik
forderte geradezu einen eigenen westdeutschen Verteidigungs-
beitrag und wertete damit die eben erst gegründete Bundesrepublik international entscheidend auf. Nachdem das Projekt
einer supranationalen „Europäischen Verteidigungsgemein-
schaft" am französischen Einspruch gescheitert war, wurde
1954 der Weg frei zur Vollmitgliedschaft der Bundesrepublik
in der NATO und zur in den Pariser Verträgen vom Mai 1955
besiegelten Souveränität. Frankreich, das mehr als jeder andere Staat im westlichen Lager ein Wiedererstehen der deutschen Übermacht fürchtete und nur auf den Druck der angelsächsischen Mächte einer westdeutschen Wiederbewaffnung
zustimmte, vermochte überdies sein Dilemma in einer konstruktiven Lösung aufzuheben und wurde zum Motor der
europäischen Integration. Aus dem Schuman-Plan vom 9. Mai
1950 ging mit der Europäischen Gemeinschaft für Kohle und
Stahl die Keimzelle der heutigen Europäischen Union hervor.
Zugleich begann der traditionelle deutsch-französische Gegensatz Elementen der ökonomischen Kooperation, schließlich
der deutsch-französischen Freundschaft zu weichen.

Diese Konstellationen, die bei Kriegsende wohl niemand
vorauszusagen gewagt hätte, waren von Adenauer nicht geschaffen worden; aber er verstand sie in einer Weise zu nutzen, die ihm im westlichen Ausland Vertrauen einbrachte und
in der Bundesrepublik eine Perspektive von Freiheit und
Wohlstand eröffnete. Tatsächlich wird man kaum leugnen
können, daß der „Alte vom Rhein" mit seiner historischen
Erfahrung und seiner erstaunlichen Energie für die junge
Bundesrepublik ein Glücksfall war. Freilich gab es auch erbitterten Widerstand gegen Adenauers Politik der Westintegration. Die einen lehnten Wiederbewaffnung und Westintegration der Bundesrepublik aus pazifistischen und neutralistischen
Gründen ab; die anderen sahen nicht ein, warum die Deutschen, solange sie unter Besatzungsrecht und unter der Kuratel der Siegermächte standen, für die Westmächte die „Kasta-
nien aus dem Feuer" holen sollten. Beide Lager aber stimmten
darin überein, daß sich die Aussichten auf eine Wiederver-

einigung mit der Politik der Westintegration verschlechterten. Über Alternativen zur Adenauerschen Politik ist daher immer wieder kontrovers diskutiert worden – von den Zeitgenossen wie in der historischen Forschung. Und nicht wenigen erschien der frühere Kölner Oberbürgermeister als national unzuverlässig, wenn nicht gar als verkappter rheinischer Separatist. Die zum Teil bittere Kritik an Adenauer ist seit der deutschen Vereinigung zunehmend verstummt, was freilich nicht dazu verleiten sollte, seiner Politik nachträglich eine Linearität zu unterstellen, die bruchlos zum Jahr 1989 führte.

In jedem Fall meinte Westbindung aus Adenauers Sicht weitaus mehr als bloße Sicherheitspolitik: Westbindung war gleichbedeutend mit der Eliminierung borussischer, nationalistischer und sozialistischer Dominanz in Deutschland, also all jener Faktoren, die nach seiner Überzeugung historisch verhängnisvoll gewirkt hatten. Neben der Sicherheit vor dem als expansionistisch und bedrohlich erscheinenden Sowjetimperium bedeutete Integration in den Westen für Adenauer daher stets auch die beste Möglichkeit, die Deutschen vor ihren eigenen Dämonen – nationale Hybris, Sonderwege zwischen Ost und West – zu schützen. Darüber hinaus eröffnete nur die Westbindung eine Perspektive darauf, den rechtlichen Status der Bundesrepublik zu verbessern und langfristig ihre völkerrechtliche Gleichberechtigung zu erlangen. Erst auf der Basis einer solchen gefestigten Position sollte und würde dann auch die Wiedervereinigung mit dem anderen Teil Deutschlands, so Adenauers Strategie, erfolgen können. Gleich wie man über diese Prioritäten denken mochte: Auch Adenauers Gegner bestritten nicht, daß er ein letztlich überzeugender Repräsentant der Demokratie war. Und dies war eine nüchterne Demokratie, die auf welterklärende Ideologie ebenso verzichtete wie auf Pathos und äußeren Glanz. Für die Deutschen der Nachkriegszeit, die totalitäre Ideologie, falsches Pathos und scheinbaren Glanz bis zum bitteren Ende erlebt, erduldet oder auch mitgemacht hatten, war dies die beste Schule der Demokratie.

Unschwer läßt sich in diesem zweiten Anlauf der 1933 gescheiterten deutschen Demokraten ein tieferer Sinnzusammenhang erkennen: Eine notwendige historische Voraussetzung für den Neuaufbau war die doppelte Entmachtung derjenigen Kräfte, die ganz dezidiert einen antiwestlichen deutschen „Sonderweg" gewollt hatten. Auf die Entmachtung der konservativen Eliten durch den Nationalsozialismus folgte dessen eigener Zusammenbruch. Erst die vollständige und unumkehrbare Delegitimierung all derer, die die westliche Demokratie und deren pluralistisches Gesellschaftsverständnis als „undeutsch", „mechanistisch" und politisch verwerflich diskreditiert hatten, machte den Weg frei für die Demokraten. Das heißt zugleich, daß die zweite deutsche Demokratie keineswegs bloß ein „Geschenk" oder gar „Oktroi" der Siegermächte war. Zwar läßt sich die Geschichte der Bundesrepublik nicht denken ohne die Vorgaben der alliierten Besatzer. Aber ohne jene deutschen Traditionen, die sich stets am Modell des westlichen Verfassungsstaates orientiert hatten, wäre auch die Politik der Alliierten ins Leere gelaufen. Wenn auch unter der Oberaufsicht der Besatzungsmächte, so debattierten doch vor allem die Deutschen selbst über Fehlentwicklungen in der Vergangenheit und über die verfassungspolitischen Optionen der Zukunft. Bundesrepublik, Grundgesetz und Westorientierung des neuen Teilstaates besaßen daher zweifellos auch deutsche Wurzeln.

Allerdings liegt darin, daß die Versuchung eines antiwestlichen deutschen Sonderweges nach 1945 nur in einem Teil Deutschlands endete, ebenfalls eine tiefere historische Symbolik. Wenn NS-Regime und Zweiter Weltkrieg den Höhepunkt einer deutschen Sonderentwicklung im 20. Jahrhundert bildeten, so können die Zerschlagung des deutschen Nationalstaats und die deutsche Teilung als ihr historisches Erbe begriffen werden. In der Symmetrie von demokratisch legitimierter Westintegration und diktatorisch durchgesetzter Sowjetisierung im anderen Teil Deutschlands erfuhr das große deutsche Thema „Demokratie und Diktatur" nach 1945 zunächst seine Fortsetzung.

2. Von der SBZ zur DDR

Rein äußerlich stand der Neuanfang zwar auch in der Sowjetischen Besatzungszone (SBZ) im Zeichen der „Demokratisierung", und manchen mochte es überraschen, daß hier sogar früher als in den Westzonen, nämlich schon im Sommer 1945, die Neugründung politischer Parteien gestattet wurde. Aber bald erwies sich, daß Stalin, die Sowjetische Militäradministration (SMAD) und die von Moskau am 30. April 1945 nach Deutschland entsandte „Gruppe Ulbricht" mit „Demokratie" etwas anderes im Sinn hatten, als dies dem westlichen Verständnis entsprach. Gemäß älteren Vorstellungen von der „Einheitsfronttaktik" und im Kontext „antifaschistischer" Mobilisierung galt Demokratie als kommunistisch geführte „Volksdemokratie". Paradigmatisch zeigte dies die Frage der Einheit der beiden Arbeiterparteien. Es ist unbestreitbar, daß viele Parteimitglieder der KPD wie der SPD die ehrliche Hoffnung auf eine große gemeinsame Arbeiterpartei bewegte. Aber als in Ungarn und Österreich die dortigen Kommunisten im November 1945 bei freien Wahlen schwere Schlappen einstecken mußten, drängten die SMAD und die ostdeutsche KPD-Spitze auf die rasche Vereinigung. Zu bedrohlich war die Gefahr, anderenfalls auch in der SBZ jeglichen Masseneinfluß zu verlieren. Doch in dem Maße, wie die KPD die Vereinigung propagandistisch forcierte, schwand die Einheitseuphorie bei den Sozialdemokraten. Während in der SBZ eine freie Meinungsäußerung der sozialdemokratischen Basis unterbunden wurde, stimmten in West-Berlin am 31. März 1946 mehr als 80 % der Mitglieder gegen die sofortige Vereinigung mit der KPD, auch wenn die meisten nach wie vor eine Zusammenarbeit mit ihr wünschten. Im sowjetischen Machtbereich aber wurden die Einheitsgegner durch Einschüchterung und Zwangsmaßnahmen bis hin zur Verhaftung mundtot gemacht. Als unter solchem äußeren Druck die beiden Arbeiterparteien in der SBZ am 21./22. April 1946 zur Sozialistischen Einheitspartei (SED) fusionierten, waren die Weichen für die kommunistische Diktatur im Ostteil Deutschlands gestellt.

Unter diesen Bedingungen hatten auch die anderen Parteien wie die CDU und die Liberaldemokratische Partei Deutschlands (LDPD) in der SBZ keine Chance auf wirkliche demokratische Partizipation. Vielmehr steuerte die sowjetische Zone unter Führung der Besatzungsmacht und in Wechselwirkung mit der Gründung der Bizone und der Bundesrepublik ihrerseits auf die sozialistisch-teilstaatliche Konsolidierung zu. Freilich hieß das nicht, daß die Sowjetführung ein grundsätzliches Interesse an der deutschen Einheit, sofern sie denn unter sozialistischem Vorzeichen stand, verloren hätte. Auch die 1948 in Reaktion auf die Londoner Sechsmächtekonferenz ins Leben gerufene „Volkskongreßbewegung" diente daher einem doppelten Ziel: Zum einen sollte sie zumindest propagandistisch gesamtdeutsche Wirkung entfalten; zum anderen aber mit Blick auf die sich abzeichnende Weststaatsgründung die Bildung eines ostdeutschen Staates fördern. Die im Mai 1949 abgehaltenen Wahlen zum Dritten Volkskongreß schlossen diesen Prozeß ab, entbehrten aber der demokratischen Legitimation. In einem Klima der Einschüchterung standen nur von der SED angeführte Einheitslisten zur Wahl.

Das demokratische Defizit der im Oktober 1949 förmlich gegründeten DDR war von Beginn an offenkundig. Hinzu kam, daß die SED ihren absoluten Führungsanspruch unter der Ägide der Sowjets auch mit den Methoden des Terrors und der politisch motivierten Willkürjustiz durchsetzte. Ehemalige nationalsozialistische Konzentrationslager wie Buchenwald wurden als „Sonderlager" weitergeführt, und nicht wenige politische Häftlinge der NS-Zeit fanden sich nun erneut in der Rolle des politisch Verfolgten wieder. All dies und der wirtschaftliche Aufschwung in der Bundesrepublik trugen dazu bei, daß viele in der DDR keine Perspektive mehr sahen und ihre persönlichen Chancen im Westen suchten. Das Ergebnis war eine stete, bis zum Mauerbau von 1961 anhaltende Flucht- und Absetzbewegung von der DDR in die Bundesrepublik bei gleichzeitig wachsendem Unmut im SED-Staat selbst. Mit dem Aufstand vom 17. Juni 1953, der im Kern eine Arbeitererhebung war, zugleich aber das Potential einer allgemeinen Volksbewegung gegen das Regime besaß, erreichte der Protest seinen Höhepunkt. Ausgelöst durch die Heraufsetzung der Produktionsnormen in der Industrie, begann er als sozialer Protest, erhielt aber rasch eine politische Dimension. Bevor sich der Aufstand zu einem Flächenbrand ausweiten konnte, wurde er vom sowjetischen Militär niedergeschlagen. Für die DDR-Führung blieb der 17. Juni ein traumatisches Datum, das sich nur durch die Behauptung ertragen ließ, es habe sich um ein von westlichen Agenten gesteuertes, „faschistisches" Unternehmen gehandelt. In der alten Bundesrepublik wurde der 17. Juni dagegen zum „Tag der deutschen Einheit", zum Symbol des Freiheits- und Einheitswillens der ostdeutschen Bevölkerung, dessen deutschlandpolitische Opportunität freilich zunehmend kontrovers diskutiert wurde.

Demokratiedefizit und 17. Juni dürfen nicht darüber hinwegtäuschen, daß es der DDR in den fünfziger Jahren durchaus gelang, sich zu konsolidieren. Unterstützt von einem Heer nach wie vor überzeugter, idealistischer Parteigänger, aber auch nicht weniger Opportunisten, machte sich der SED-Apparat daran, Staat und Verwaltung, Wirtschaft und Gesellschaft, Justiz und Bildungswesen seinem Herrschaftsanspruch zu unterwerfen. Auch wenn es viele im westlichen Teil Deutschlands nicht wahrhaben wollten: Mit der DDR etablierte sich eine spezifische Form sozialistischer Staatlichkeit, die kaum noch ignoriert werden konnte. Die Perspektive der Wiedervereinigung begann sich daher im Verlauf der fünfziger Jahre zu verflüchtigen, auch wenn sie – wie etwa in der Diskussion um die Stalin-Noten vom Frühjahr 1952 – teilweise leidenschaftlich diskutiert wurde. Faktisch verfestigte sich mit dem Ost-West-Gegensatz auch die innerdeutsche Grenze, deren grundsätzliche Nichtanerkennung durch die Bundesrepublik eben das bewirkte, was man eigentlich beklagte, nämlich deutschlandpolitischen Stillstand. Erst Anfang der sechziger Jahre, als die globale atomare Konfrontation der Supermächte die Zeichen auf Entspannung stellte, sollten sich die deutschlandpolitischen Bewegungsspielräume wieder etwas erweitern.

Insgesamt hatten die Hybris des deutschen Nationalismus und die Verbrechen des NS-Regimes eine erschreckende Bilanz hinterlassen. Die Deutschen hatten unter Hitlers Führung Europa mit Gewalt und Völkermord überzogen; nun mußten sie, vor allem die Bevölkerung der Ostgebiete und der DDR, die Konsequenzen tragen. Mitte der fünfziger Jahre lag das Resultat des Zweiten Weltkriegs offen vor aller Augen: Der „Sonderweg" des deutschen Nationalstaates hatte zu seiner Zerschlagung geführt. Der historische Preis, den die Deutschen für ihre Untaten zu entrichten hatten, lag zum einen im Verlust der Ostgebiete, zum anderen in der – wie es schien – dauerhaften staatlichen Teilung.

V. Gesellschaft und Politik im geteilten Deutschland

1. Kontinuität und Wandel
von Adenauer zur Großen Koalition

Unauflöslich verbindet sich die Frühgeschichte der Bundesrepublik mit der Erfahrung des „Wirtschaftswunders". Und trug nicht der Vorgang, der aus Trümmern, Ruinen und massenhaftem Elend so überraschend schnell bescheidenen Wohlstand für viele und gewisse Sicherheit für fast alle entstehen ließ, tatsächlich „wunderbare" Züge? Ein solcher Eindruck konnte sich nicht nur auf der dunklen Folie der unmittelbaren Nachkriegszeit, sondern auch vor dem trüben Hintergrund der Zeit vor 1933 einstellen. Die traumatische Erfahrung von Inflation und Weltwirtschaftskrise hatte sich dem kollektiven Gedächtnis der Deutschen eingeprägt; verglichen damit stellte sich der dynamische Wirtschaftsaufschwung der frühen Bundesrepublik tatsächlich als etwas Neues und „Wunderbares" dar.

Um zu erkennen, daß die konjunkturelle Entwicklung der fünfziger Jahre im Kern so „wunderhaft" nicht war, wie es den Anschein hatte, mußte man schon genauer hinsehen. Zum einen lag der Aufschwung durchaus im langfristigen Trend seit Ende des 19. Jahrhunderts, der freilich durch die Weltkriege massiv beeinträchtigt worden war. Zum anderen handelte es sich keineswegs um eine exklusive deutsche Entwicklung. Vielmehr erlebte ganz Westeuropa in den fünfziger Jahren eine langanhaltende Aufschwungbewegung, die freilich in der Bundesrepublik besonders dynamisch verlief. Überdies hatte die Konjunktur der fünfziger Jahre einen gleichsam „nachholenden" Charakter. Wie die anderen europäischen Industriestaaten auch verfügte die Bundesrepublik am Ende des Krieges über erhebliche Produktivitätsreserven und damit über mobilisierbare Rekonstruktionspotentiale. Zwar hatten Kriegszerstörungen und Demontagen das Anlagekapital vermindert; doch anders als man zeitgenössisch zu glauben geneigt war, befand es sich insgesamt noch in gutem und leistungsfähigem Zustand. Die Vertreibung und die daraus folgende Bevölkerungsverschiebung hatten zwar kurzfristig erhebliche Probleme geschaffen, langfristig jedoch sicherten sie der Bundesrepublik ein großes Angebot an qualifizierten und motivierten Arbeitskräften. Hinzu kamen die amerikanische Wirtschaftshilfe und ein seit 1951 stark expandierender Weltmarkt, an der die ohnehin stark exportorientierte westdeutsche Wirtschaft kräftig teilhaben konnte. Mit dem Londoner Schuldenabkommen von 1952 und dem Wiedergutmachungsabkommen mit Israel vom 10. September desselben Jahres erlangte die Bundesrepublik überdies ihre dringend benötigte internationale Kreditwürdigkeit.

Eine weitere entscheidende Ursache des „Wirtschaftswunders" bestand schließlich in der kräftigen Ausweitung des Binnenmarktes. Aufgrund deutlich steigender Reallöhne trat die Bundesrepublik in den fünfziger Jahren in das Stadium des „Massenkonsums" ein. Vor allem die Nachfrage nach langlebigen industriellen Konsumgütern – Küchengeräte, Automobile, Fernseher u. a. – wurde zu einem wichtigen Faktor der Wirtschaftsentwicklung. Beides: Expansion des Weltmarktes und steigende Binnennachfrage trugen dazu bei, daß die Bundesrepublik in den fünfziger Jahren ihren Industriesektor vollständig entwickelte und zu einem „reifen" Industriestaat wurde. Nach einigen Startschwierigkeiten wurde überdies bis Ende der fünfziger Jahre nahezu Vollbeschäftigung erreicht.

Im Kontext von Wirtschaftsaufschwung, Reallohnsteigerungen und Vollbeschäftigung erfuhr die bundesdeutsche Gesellschaft in den fünfziger und sechziger Jahren eine fundamentale „Modernisierung". Zu einer solchen Modernisierung, die sich zuvörderst als soziale Egalisierung, d.h. als Abbau alter Hierarchien und gesellschaftlicher Schranken auswirkte, trugen mehrere Faktoren bei. Zunächst übte das im Zusammenbruch von 1945 weit verbreitete Gefühl der „Stunde Null" eine profunde sozialpsychologische Wirkung aus. Die als allgemeines gesellschaftliches Phänomen wahrgenommene materielle Not relativierte traditionelle soziale Unterschiede – ein Bewußtsein, das durch die Währungsreform und ein allgemeines „Kopfgeld" von zunächst 40 DM verstärkt wurde. Darüber hinaus bewirkten die gigantische Flüchtlingswelle und die Notwendigkeit, die Flüchtlinge einzugliedern, eine Verschiebung der gesellschaftlichen Verhältnisse, die ebenfalls traditionelle Bindungen auflöste.

Hinzu trat ein weiterer Umstand, auf den Ralf Dahrendorf schon 1965 hinwies: Trotz seiner atavistischen und rassistischen Ziele hatte das NS-Regime eine zwar unbeabsichtigte, aber doch spürbar umwälzende Wirkung ausgeübt, von der nun die junge Bundesrepublik zu profitieren vermochte. So waren die alten Eliten in Politik, Bürokratie und Militär, die dem Kaiserreich und den preußischen Traditionen verhaftet geblieben waren und nach 1918 der Demokratie entsprechend reserviert gegenüberstanden, durch das NS-Regime irreversibel entmachtet worden. Das gilt insbesondere für die ostelbische, agrarische Elite. Allein physisch hatte sie im Weltkrieg sowie im Gefolge des 20. Juli 1944 erhebliche Opfer gebracht; die Abtrennung der Ostgebiete sowie die „Bodenreform" in der Sowjetischen Besatzungszone beraubten sie überdies ihrer wirtschaftlichen Lebensgrundlage. So schmerzvoll und tragisch die Betroffenen ihr Schicksal auch empfinden mochten, auf die bundesrepublikanische Nachkriegsgesellschaft wirkte der Zusammenbruch des ostelbischen Adels entlastend. Um dies zu verstehen, muß man sich die langfristige Strukturkrise der ostelbischen Landwirtschaft vor Augen halten: Im Kaiserreich und in der Weimarer Republik hatte sie stets dazu tendiert, ihre prekäre ökonomische Situation durch verstärkten politischen Einfluß zu kompensieren. Mit dieser Einflußnahme des ostelbischen Adels entfiel eines der zentralen gesellschaftlichen und ökonomischen Grundprobleme der neuesten deutschen Geschichte.

Ein weiterer Impuls zur gesellschaftlichen Modernisierung ging von der Eigendynamik der Wirtschaftsentwicklung selbst aus. Insbesondere für die Arbeiterschaft eröffnete der wachsende Wohlstand zunehmend Chancen sozialer und kultureller Partizipation. Der „klassenbewußte" Proletarier mit einem spezifischen Lebensstil und entsprechenden Wertvorstellungen sowie eigenständigen Milieuorganisationen wurde in der bundesrepublikanischen Gesellschaft zu einem Minderheitenphänomen; und mit diesem „Abschied von der Proletarität" (Josef Mooser) verband sich ein wichtiger kultureller Egalisierungseffekt. Die fünfziger Jahre waren nicht nur von der expandierenden Nachfrage nach Konsumgütern geprägt. Nach ersten Entwicklungschüben in den zwanziger und dreißiger Jahren erlebten sie die Demokratisierung des Konsums und der Kultur. Sie waren also nicht nur das Jahrzehnt der Küchenmaschinen, der Staubsauger und des Autos, sondern ebensosehr auch das Jahrzehnt des Kinos und des beginnenden Massentourismus. Zumindest in kultureller Hinsicht begannen die traditionellen Klassengegensätze ihre Schärfe mehr und mehr zu verlieren.

Auch die zeitgenössische Soziologie hat die gewandelte Struktur der bundesrepublikanischen Gesellschaft, diese „Klassengesellschaft im Schmelztiegel" (Theodor Geiger), zu beschreiben versucht. Am einflußreichsten wurde Helmut Schelskys Begriff der „nivellierten Mittelstandsgesellschaft", der vielleicht weniger den Strukturwandel selbst als das Selbstverständnis der westdeutschen Gesellschaft traf. Denn in bezug auf die tatsächliche Verteilung gesellschaftlichen Reichtums war eine echte Nivellierung kaum nachzuweisen. Die Lohnquote blieb stabil, und die Einkommensunterschiede zwischen Selbständigen und abhängig Beschäftigten blieben ebenfalls weitgehend unverändert. Aber die meisten Deutschen wünschten den Abschied von der Klassengesellschaft sowie die Abkehr von alten Mustern des sozialen Konflikts herbei. Dem stand das Ziel gegenüber, unter Betonung der individuellen Arbeitsleistung möglichst viel Wohlstand für möglichst viele zu schaffen. Solcher gesellschaftlichen Selbstwahrnehmung verlieh der Topos von der „nivellierten Mittelstandsgesellschaft" treffenden Ausdruck. Das Ende des politischen Sonderweges erhielt so seine gesellschaftliche und kulturelle Fundierung.

Für die langfristige Stabilität der Bundesrepublik, die bei ihrer Gründung niemand voraussehen konnte, war aber noch etwas anderes entscheidend. Der anhaltende Wirtschaftsaufschwung der fünfziger Jahre erweiterte in präzedenzloser Weise die Verteilungsspielräume und sozialpolitischen Gestaltungsmöglichkeiten. So blieb die Sozialquote während der fünfziger Jahre im wesentlichen stabil, weil die durchaus erheblichen sozialpolitischen Innovationen durch Zuwächse finanziert werden konnten. In seiner Bedeutung für die bundesrepublikanische Geschichte wird man das nicht geringschätzen, zumal wenn man weiß, in welchem Maße sich die Weimarer Republik als Sozial- und Interventionsstaat – in Ermangelung von Verteilungsspielräumen – überfordert hatte. Eine aktive Sozialpolitik entsprach im Prinzip auch der Konzeption der „Sozialen Marktwirtschaft" (Alfred Müller-Armack), welche die CDU im Bundestagswahlkampf 1949 in ihr Parteiprogramm übernahm. Damit war ein Mittelweg zwischen einem reinen Wirtschaftsliberalismus und einem umfassenden Wohlfahrtsstaat gemeint. Während letzterer abgelehnt wurde, galten Eigenverantwortung und freier Wettbewerb als die entscheidenden Motoren der wirtschaftlichen Entwicklung und des gesellschaftlichen Wohlstands. In der Realität fand die Bundesrepublik freilich rasch Anschluß an die deutsche Tradition des sozialen Interventionsstaates. Tatsächlich waren die fünfziger Jahre – was heute weitgehend aus dem Bewußtseins gewichen ist – auch durch die Expansion des Sozialstaates gekennzeichnet. Das betrifft nicht nur die Einführung der modernen Sozialhilfe im Jahre 1961, die die Fürsorge im klassischen Sinne ablöste, oder die Einführung des Kindergeldes im Jahre 1954. Wichtiger waren das Lastenausgleichsgesetz vom 14. August 1952, das den Flüchtlingen und den Benachteiligten der Währungsreform zumindest eine bescheidene Kompensation gewährte, sowie vor allem die Rentenreform von 1957. Die Einführung der „dynamischen Rente" war zweifellos die bedeutendste sozialpolitische Maßnahme der fünfziger Jahre. Epochal war vor allem der grundlegende Systemwechsel, den die Reform vollzog. Die bisherige Altersversorgung, die im Kern auf die Bismarcksche Sozialversicherung zurückging, war schon in der Weimarer Zeit an die Grenzen ihrer Leistungsfähigkeit gelangt. Schon damals genügten die Leistungen aus der alten Rentenversicherung nicht mehr, um die altersbedingte Verarmung der sogenannten „Sozialrentner" zu verhindern. Erst recht zum Problem, ja zum sozialen Ärgernis wurde eine solche Situation in Zeiten allgemeinen Aufschwungs und stark steigender Reallöhne.

Vor diesem Hintergrund ebnete die Rentenreform von 1957, die nicht zuletzt Adenauer selbst gegen den Widerstand von Ökonomen, Finanzpolitikern und Arbeitgeberverbänden durchsetzte, den Weg der Bundesrepublik zum modernen Sozialstaat. Neben der deutlichen Erhöhung der laufenden Renten wurde die Altersrente künftig nicht mehr als Zuschuß zum Lebensunterhalt begriffen, sondern dank der dynamischen Ankoppelung der Renten an die Entwicklung der Bruttolöhne als voller Lohnersatz. Für die Bundesrepublik der fünfziger Jahre war dies eine bedeutende sozialpolitische Leistung, die wesentlich zur Bildung von Vertrauen in den neuen Staat beitrug. Dies muß festgehalten werden, auch wenn in neuester Zeit, etwa mit Blick auf die z. T. krasse Benachteiligung von Familien mit Kindern, deutliche Kritik am deutschen Rentensystem geübt worden ist.

Unterdessen neigte sich die Ära Adenauer ihrem Ende zu. Zwar führte der „Alte" seine Partei bei den Bundestagswahlen von 1957 zur absoluten Mehrheit und damit zum Gipfel der Popularität; aber schon bald verdichteten sich die Anzeichen, daß er damit auch den Zenit überschritten hatte. Nach der sogenannten „Präsidentschaftskrise" von 1959, als Adenauer sich zunächst selbst als Nachfolger des scheidenden Theodor Heuss im Amt des Bundespräsidenten ins Spiel gebracht hatte, nur um kurz danach einen Rückzieher zu machen, wurde er zunehmend zum Kanzler auf Abruf. Der Bau der Mauer im August 1961 verstärkte diesen Eindruck, und die „Spiegel"-Krise vom Herbst 1962 überlebte Adenauer nur dadurch, daß er dem Drängen der FDP nachgab, seinen Rücktritt auf den Herbst 1963 zu terminieren.

Adenauers „logischer" Nachfolger war derjenige Politiker, der neben ihm die Frühgeschichte der Bundesrepublik am nachhaltigsten geprägt hatte: Wirtschaftsminister Ludwig Erhard, der medienwirksame „Vater des Wirtschaftswunders". Doch das ungleiche Paar, das sich politisch so vortrefflich ergänzte, entwickelte sich mit den Jahren immer weiter auseinander. Zumal von den außenpolitischen Fähigkeiten Erhards hielt Adenauer nichts; er drängte ihn daher, seinen Anspruch auf die Nachfolge aufzugeben. Erhard seinerseits wünschte sich nichts mehr, als daß der Kanzler ihn zum Nachfolger kürte und mit seinem Amtsbonus unterstützte: ein unüberbrückbarer Gegensatz, der die Beziehungen zwischen beiden schwer belastete, auf die Dauer vergiftete und am Ende zerrüttete.

Daß Erhard am Ende Adenauer doch noch nachfolgte, entsprach zwar seinen Ambitionen, seine Kanzlerschaft blieb aber im tiefen Schatten seines Vorgängers. Dabei war es eine Ironie, daß Erhard, der als Wirtschaftsminister politisch so stark von einem ganz überproportionalen Wachstum profitiert hatte, als Bundeskanzler vom Ende der dynamischen Rekonstruktionsperiode in der westdeutschen Wirtschaftsentwicklung getroffen wurde. Zwar konnte er in den ersten beiden Jahren seiner Kanzlerschaft noch von guten Konjunkturdaten und seiner Popularität zehren; doch hinter dem triumphalen

Wahlsieg von 19. September 1965, bei dem die CDU mit 47,6 % nur knapp die absolute Mehrheit verfehlte, verbarg sich in Wahrheit schon eine tiefgreifende Umwälzung des inzwischen klar etablierten Dreiparteiensystems. Unzufriedenheit prägte die FDP, die sich gegenüber dem liberalen „Volkskanzler" kaum profilieren konnte und in der nach den Wahlen die Furcht grassierte, unter die Fünf-Prozent-Klausel zu fallen. Zum anderen trug der Wandel in der politisch-programmatischen Ausrichtung der SPD nunmehr seine Früchte. So sehr das 1959 verabschiedete „Godesberger Programm" auch in der Kontinuität sozialdemokratischer Theoriebildung stand, markierte es doch den Übergang der SPD von der Klassen- zur Volkspartei. Und das hieß: Die SPD wurde, nachdem sie nur in wenigen Flächenstaaten wie Hessen und Niedersachsen die Regierung gestellt hatte, auch auf Bundesebene allmählich regierungsfähig und zum potentiellen Koalitionspartner.

Mit der nun gegebenen Möglichkeit einer Großen oder einer sozialliberalen Koalition neigte sich die Zeit des Machtmonopols der CDU/FDP-Koalition auf Bundesebene ihrem Ende zu. Solche neuen koalitionspolitischen und parlamentarischen Alternativen regten auch die Phantasie der Kritiker Erhards an, und es zeichneten sich Regierungskonstellationen ohne oder gar gegen ihn ab. Tatsächlich verfiel die Autorität Erhards nach der Bundestagswahl von 1965 rapide. Die von ihm empfohlenen Rezepte gegen die als bedrohlich empfundenen Aspekte ökonomischer Konsolidierung, der Appell zum „Maßhalten" und das Konzept einer „formierten Gesellschaft", stießen auf wenig Resonanz. Und als die CDU am 10. Juli 1966 in Nordrhein-Westfalen eine schwere Wahlniederlage hinnehmen mußte, war auch Erhard zu einem Kanzler auf Abruf geworden. Hinter den Kulissen setzte sich der baden-württembergische Ministerpräsident Kurt Georg Kiesinger als Kanzlerkandidat gegen seine innerparteilichen Rivalen in der CDU, Rainer Barzel und Gerhard Schröder, durch, und in rasch eingeleiteten Koalitionsverhandlungen wurde der Weg zur Großen Koalition geebnet. Die neue Regierungsmehrheit sollte es ermöglichen, den allseits diagnostizierten „Reformstau" zu beseitigen. Als Erhard am 30. November 1966 seinem Sturz durch den Rücktritt zuvorkam, trat mit ihm endgültig die erste Gründergeneration der Bundesrepublik ab.

2. Die Bundesrepublik auf dem Weg in eine neue Moderne

Zumindest vordergründig schien sich die Geschichte der Bundesrepublik während der sechziger und siebziger Jahre denn auch in einem schweren, z. T. gewaltsam ausgetragenen, gesellschaftlichen und politischen Generationenkonflikt zu vollziehen. So erfolgreich die Regierung der Großen Koalition unter Kiesinger und Willy Brandt, Karl Schiller und Franz-Josef Strauß die wirtschafts- und konjunkturpolitischen Herausforderungen meisterte, so tief waren die Risse im Innern der Republik. Sie brachten der Bundesrepublik in den sechziger Jahren innenpolitische Krisen, wie sie sie seit ihrer Gründung nicht erlebt hatte und die bisweilen an die Weimarer Republik erinnerten.

Diese Erschütterung betraf allerdings die westlichen Gesellschaften insgesamt, und in Frankreich nahm sie phasenweise Züge einer revolutionären Erhebung an. Die Bewegung speiste sich aus einem vagen Unbehagen am Wirtschaftssystem, an der „Kälte" des Marktes und der politischen Verfaßtheit. „Antifaschistische", neo-marxistische und antikapitalistische Elemente wirkten in diesem Protest zusammen. Gegen eine Gesellschaft, die sie nicht geschaffen hatte, lehnte sich eine Nachkriegsgeneration auf, die sich als erste von den spezifischen Problemen der Kriegserfahrung unbelastet fühlen konnte. Letztlich nur auf diesem Boden konnte die für die „68er-Bewegung" charakteristische Kombination aus moralischem Rigorismus und Hedonismus kurzfristig gedeihen.

Einen zentralen und unterschwellig stets präsenten Vorwurf bildete die Anklage an die Generation der Väter, die dem Nationalsozialismus tatenlos zugesehen und nach 1945 ihre kollektive Mitschuld verdrängt hätten. Die „Vergangenheitsbewältigung" erhielt einen neuen Schub und wurde entschiedener, als dies während der fünfziger Jahre der Fall gewesen war, zur moralischen Meßlatte der Gegenwart erhoben. Darüber hinaus konstatierte die Protestbewegung ein demokratisches Defizit der Bundesrepublik, eine Auffassung, die natürlich in Zeiten der Großen Koalition, in der es mit der FDP nur eine winzige parlamentarische Opposition gab, besondere Plausibilität reklamieren konnte. Angesichts der im repräsentativen Prinzip angelegten Dominanz der politischen Eliten und Verbandsfunktionäre wurde dem Grundgesetz ein Mangel an politisch-normativer Substanz attestiert. So holte die „Neue Linke" im Zeichen ihres „romantischen Rückfalls" (Richard Löwenthal) die alten Argumentationsmuster der Demokratiekritik aus den zwanziger Jahren wieder hervor: Ein utopisches Ideal der demokratischen Idee kontrastierte sie negativ mit der grauen Wirklichkeit der Massendemokratie und konstruierte hieraus eine Legitimationskrise der westlichen Staatsform im allgemeinen. Einmal mehr erschien eine deutsche Verfassung aus dieser Perspektive als Garant bloß „formaler" Demokratie. Das Grundgesetz enthielt nach dieser Lesart „ein Versprechen", das durch „Revolution" einzulösen sei, wie Hans Magnus Enzensberger 1968 forderte. Im letztlich wirkungslosen Protest gegen die Notstandsgesetzgebung von 1968 kulminierte diese längerfristig angestaute Unzufriedenheit.

Ihren Höhepunkt erreichten Studentenbewegung und Außerparlamentarische Opposition nach dem Attentat auf ihren unbestrittenen intellektuellen Kopf, Rudi Dutschke, vom Gründonnerstag, dem 11. April 1968. In einem Klima, das insbesondere von einer Auseinandersetzung um die gesellschaftspolitische Rolle des Springer-Konzerns aufgeheizt war, erlebte die Bundesrepublik eine dramatische Folge von Massendemonstrationen und Straßenschlachten. Aber der entscheidende gesellschaftliche Brückenschlag von den Studenten und Intellektuellen zur Arbeiterschaft und den Gewerkschaften gelang nicht. Die „68er-Bewegung" blieb in der Bundesrepublik wie auch in Frankreich primär eine Sache der akademischen Nachwuchseliten, deren politische Wirkung, zumindest wenn man sie kurzfristig betrachtet, rasch verpuffte.

Das darf aber nicht dazu verleiten, ihre langfristige politische Wirkung zu unterschätzen. Während ein kleiner, militanter Flügel sich der Gewalt und dem Terrorismus verschrieb, suchte und fand ein Großteil der „68er" in der Sozialdemokratie ein systemkonformes, gleichwohl auf Veränderung drängendes politisches Betätigungsfeld. Umgekehrt gelang es der von einer allgemeinen Aufbruchstimmung getragenen sozialliberalen Koalition, das Protestpotential der außerparlamentarischen Opposition zu kanalisieren und zumindest teilweise zu integrieren. Allerdings darf das suggestive Stichwort „Mehr Demokratie wagen", unter dem die Regierung Brandt/Scheel sich zu innenpolitischen Reformen bekannte, nicht den Blick für die faktisch bestehenden Kontinuitäten in die Zeit der Großen Koalition trüben. Ähnlich wie im Fall der „neuen" Ostpolitik, entfaltete sich die Innenpolitik der sozialliberalen Koalition nicht voraussetzungslos; vielmehr knüpfte sie an bereits eingeleitete Entwicklungen an und führte diese fort.

Das Beispiel eines zentralen innenpolitischen Reformthemas der sechziger und siebziger Jahre, die Bildungspolitik, vermag dies anschaulich zu illustrieren. Seit Ende der fünfziger, Anfang der sechziger Jahre war von verschiedener Seite deutliche Kritik am westdeutschen Bildungssystem geübt worden. Die Quintessenz dieser Kritik artikulierte schon 1964 Georg Picht in seinem einflußreichen Bestseller über „Die deutsche Bildungskatastrophe". Picht prognostizierte einen akuten „Bildungsnotstand" und infolgedessen auch Wirtschaftsnotstand, sofern die Zahl der akademisch qualifizierten Nachwuchskräfte nicht deutlich erhöht werde. Pichts Thesen waren Symptom und Katalysator für eine bildungspolitische Aufbruchstimmung, die schon vor dem Machtwechsel von 1969 begonnen und ihren Niederschlag u. a. in mehreren Neugründungen von Universitäten gefunden hatte. Ein weitgehender bildungspolitischer Konsens forderte die Ausschöpfung der Begabungsreserven und die gerechtere Verteilung der Bildungschancen. In diesem Kontext entfaltete der bildungspolitische Neuanfang der Regierung Brandt/Scheel sein Pathos, das in der Verkündung des „Bürgerrechts auf Bildung" als Basis sozialer Demokratie gipfelte.

Aber schon bald nach Brandts Regierungsantritt mehrten sich die bildungspolitischen Konflikte; ihre Brisanz entwickelten sie an Schlüsselthemen wie der Gesamtschule, der Orientierungsstufe, der Gesamthochschule. Angesichts des Reformenthusiasmus der frühen siebziger Jahre mochte es daher manchen enttäuschen, wenn sich Bildungspolitik vor allem in einer quantitativen Ausdehnung erschöpfte. Zwischen 1965 und 1980 stieg der Anteil des Bildungsbudgets am öffentlichen Gesamthaushalt von 11,2 auf 15,2%, und die Quote der Gymnasiasten erhöhte sich von 16 auf 25% eines Jahrgangs. Im gleichen Zeitraum stieg die Zahl der Studenten unter Einschluß der Fachhochschulen von 384000 auf über eine Million. Die Bilanz blieb somit zwiespältig. Die zweifellos vorhandene Innovationsfreude wurde durch die Gefahr der staatlichen Steuerungs- und Regelungswut getrübt, die sich in einer Flut von Gesetzen und Verordnungen äußerte. Darüber hinaus brachte die Öffnung des Bildungswesens auch neue Engpässe hervor, was z.B. 1972 die Einführung des Numerus Clausus für bestimmte Fächer zur Folge hatte. Ob schließlich die Expansion der Quantität auch Rückwirkungen auf die Qualität der Bildung hat, ist eine bis heute diskutierte, offene Frage.

Eindeutiger fällt die außenpolitische Bilanz der sozialliberalen Ära aus. Denn so umstritten die „neue" Ostpolitik Willy Brandts zu ihrer Zeit auch war, im Rückblick erscheint sie als Durchbruch zu mehr Pragmatismus, zu einer neuen Beweglichkeit und dadurch zu mehr Annäherung in den deutschdeutschen wie in den Beziehungen zum Ostblock insgesamt. Allerdings war die „Entspannungspolitik" Teil einer umfassenderen Wandlung der vom Ost-West-Gegensatz geprägten internationalen Beziehungen. Schon Ende der fünfziger und Anfang der sechziger Jahre setzte sich angesichts des globalen atomaren Patts die Einsicht durch, daß bestehende Macht- und Einflußsphären trotz aller ideologischer Gegensätze als

Resultate des Zweiten Weltkriegs akzeptiert werden mußten. Wollte man beiderseits des Eisernen Vorhangs dringend erwünschte, konkrete Fortschritte erzielen, mußte der Status quo anerkannt werden.

Im deutschen Fall betraf dies die verlorenen Ostgebiete und die staatliche Teilung. Es ist daher kein Zufall, daß Egon Bahrs suggestive Formel „Wandel durch Annäherung" im Berlin der frühen sechziger Jahre entstand, dort also, wo der Mauerbau die Teilung der Stadt zementiert und besonders schmerzhaft spürbar gemacht hatte. Denn das Kalkül Willy Brandts wie seines engen Mitarbeiters Egon Bahr zielte vor allem darauf, die deutsch-deutschen Beziehungen humanitär erträglicher und die Mauer durchlässiger zu machen. Und hierfür war die Verbesserung der Beziehungen zu den Staaten des Warschauer Paktes die unabdingbare Voraussetzung.

Nach ihrer Regierungsbildung im Oktober 1969 zögerten Brandt, Außenminister Walter Scheel und Egon Bahr als neuer Staatssekretär im Auswärtigen Amt keinen Augenblick, die neue Konzeption in praktische Politik umzusetzen. Ausgehend von der Auffassung, daß nur diejenigen Grenzen, die sicher seien, auch durchlässig werden könnten, verzichtete Brandt in seiner Regierungserklärung als erster Bundeskanzler auf die explizite Forderung nach Wiedervereinigung. Darüber hinaus definierte Brandt auch den Ursache-Wirkung-Zusammenhang der deutschen Teilung neu, indem er unerbittlich an ihre deutschen Ursachen und an den „nationalen Verrat durch das Hitlerregime" erinnerte. Zwar fand jede ostpolitische Aktivität ihre Grenze an der völkerrechtlich fortbestehenden Viermächteverantwortung für Deutschland als Ganzes; definitive Regelungen oder gar ein Friedensvertrag blieben daher außer Reichweite. Das nach einem vielwöchigen Verhandlungsmarathon mit der Sowjetunion erzielte Vertragswerk konnte also ein künftiges Gesamtdeutschland nicht binden, stellte aber doch einen Durchbruch dar. Im Moskauer Vertrag vom 12. August 1970 sicherten sich die Bundesrepublik und die Sowjetunion gegenseitigen Gewaltverzicht sowie die Unverletzlichkeit der bestehenden Grenzen zu – einschließlich der

Oder-Neiße-Grenze und der innerdeutschen Grenze. Die Frage der deutschen Einheit suchten Brandt und Scheel durch einen dem Vertrag beigefügten „Brief zur deutschen Einheit" offenzuhalten, dessen völkerrechtliche Verbindlichkeit freilich umstritten blieb.

Die Sowjetunion deutete den Moskauer Vertrag als offizielle Anerkennung ihres Imperiums; die Bundesregierung gewann ost- und vor allem deutschlandpolitischen Bewegungsspielraum. Dessen Resultat waren bis 1973 analoge Verträge mit Polen und mit der Tschechoslowakei, das Viermächteabkommen über Berlin sowie ein Grundlagenvertrag mit der DDR. Mit ihm erhielt die DDR alle Insignien internationaler Akzeptanz knapp unterhalb der vollen völkerrechtlichen Anerkennung durch die Bundesrepublik. Auf der bundesdeutschen Habenseite standen dafür deutliche Erleichterungen im Reiseverkehr von und nach Berlin, im kleinen Grenzverkehr sowie in bezug auf das Besuchsrecht der Westberliner. Zusammen mit der nun möglichen Akkreditierung westdeutscher Journalisten in der DDR und den verbesserten Möglichkeiten der Familienzusammenführung wurden so die Auswirkungen der Mauer zumindest etwas gemildert. Tatsächlich blühte im Verlauf der siebziger und achtziger Jahre der innerdeutsche Verkehr auf; die Zahl der Reisenden in beide Richtungen nahm zu, und die Vertiefung der deutschen Teilung wurde vorerst aufgehalten. Neben den nun leichter möglichen persönlichen Begegnungen spielte es eine langfristig nicht zu unterschätzende Rolle, daß die DDR der UNO-Charta sowie 1975 der KSZE-Konferenz in Helsinki beitrat. Die hier niedergelegten grund- und menschenrechtlichen Prinzipien boten in den achtziger Jahren einen wichtigen Anknüpfungspunkt für die Opposition in der DDR.

Im übrigen ist es bezeichnend für den Erfolg der Brandtschen Ostpolitik, daß sie im Grundsatz von den Regierungen Schmidt/Genscher und Kohl/Genscher fortgeführt wurde. Auch die sogenannte „Wende" von 1982/83 veränderte die deutschland- und ostpolitischen Orientierungen der Bundesrepublik kaum. Selbst als sich Ende der siebziger und Anfang der achtziger Jahre der Ost-West-Gegensatz im Gefolge des Afghanistan-Krieges, der sowjetischen Rüstung mit atomaren Mittelstreckenraketen und des NATO-Doppelbeschlusses wieder massiv verschärfte, wahrten die bundesdeutschen Regierungen die Kontinuität zu den Grundlagen der Brandtschen Verständigungspolitik. Dies war eine wichtige Voraussetzung dafür, daß nach dem Machtantritt Michail Gorbatschows die deutsche und europäische Teilung erfolgreich überwunden werden konnte.

Der außenpolitischen Kontinuität entsprach es, wenn seit Ende der siebziger Jahre die wirtschafts- und gesellschaftspolitischen Problemlagen wieder in den Vordergrund traten. Tatsächlich hatte schon die ökonomische Krise von 1966/67 den Zeitgenossen das eherne marktwirtschaftliche Gesetz zyklischer Konjunkturschwankungen ebenso ins Bewußtsein zurückgerufen wie die Einsicht, daß das „Wirtschaftswunder" keine beliebig verlängerbare Normalität war. In Abhängigkeit von der Weltwirtschaft begann eine neue, für die junge Bundesrepublik noch ungewohnte Phase der Rezession. Zwar konnte der Rückgang von 1966/67 umgehend ausgeglichen werden, und bis Anfang der siebziger Jahre erzielte die deutsche Wirtschaft sogar noch einmal neue Zuwachsrekorde. Den Umschwung brachte der Ölschock. Die beiden Ölkrisen von 1973 und 1979 hinterließen tiefe Spuren in der Weltwirtschaft; das Wachstum des Welthandels sank, und der Beginn der achtziger Jahre fiel mit einer Weltwirtschaftskrise zusammen. Auf die Bundesrepublik als rohstoffarmes, vom Ölimport wie vom Export abhängiges Industrieland wirkte sich die Krise besonders gravierend aus. Schon die erste Ölkrise führte 1975 zu einem Negativwachstum des Bruttoinlandproduktes von $-1,4\%$. Die zweite Ölkrise bewirkte erneut eine Rezession, der 1982 ein negatives Wachstum von $-0,9\%$ folgte. Zur gleichen Zeit stieg die Zahl der Arbeitslosen steil an. Schon von 1973 bis 1975 vervielfachte sich die Arbeitslosenquote von 1,2 auf 4,7% der Erwerbstätigen. Doch noch einschneidender waren die Folgen der zweiten Ölkrise auf dem Arbeitsmarkt zu spüren: Blieb 1980 die Zahl der registrierten

Erwerbslosen mit 888 900 noch knapp unter einer Million (= 3,8 %), so schnellte sie bis 1983 auf über 2,2 Millionen (9,1 %). Mit der Massenarbeitslosigkeit wurde die Bundesrepublik von einem Gespenst eingeholt, auf dessen Verbannung aus der deutschen Geschichte während der langen Aufschwungphase nicht wenige gehofft hatten. Tatsächlich sind die achtziger Jahre, in denen die Zahl der registrierten Erwerbslosen nicht mehr unter zwei Millionen fiel, innenpolitisch und mit Blick auf die gesellschaftliche Atmosphäre entscheidend von der Erfahrung struktureller Massenarbeitslosigkeit geprägt worden.

Allerdings gingen die ökonomischen Probleme und das sie begleitende, um 1980 allgegenwärtige Krisenbewußtsein nicht allein auf die kurzfristigen Wirkungen des Ölschocks zurück. Wie dies in historischen Krisenzeiten meist der Fall ist, konvergierten auch zu Beginn der Regierung Kohl aktuelle Problemlagen mit längerfristigen Entwicklungsprozessen, die freilich als forcierte Veränderung empfunden wurden. Die siebziger und die achtziger Jahre bildeten gewissermaßen den archimedischen Punkt eines umfassenden ökonomischen und gesellschaftlichen Strukturwandels, dessen Dynamik durch die aktuellen Krisenerscheinungen katalytisch verstärkt wurde. Einerseits gerieten traditionelle und langvertraute Wirtschafts- und Erwerbsformen in eine existenzgefährdende Krise. Beispiele hierfür sind die frühen Leitsektoren der Industrialisierung, Kohle und Stahl, aber auch der Schiffsbau, alles Branchen, die nur noch durch die Fortschreibung von Subventionen am Leben gehalten werden konnten. Andererseits aber gingen, wie z. B. im Bereich der Datentechnik, von den späten siebziger und den achtziger Jahren vielfältige Formen neuer Modernität aus, die eine erhebliche ökonomische Dynamik schufen und neue Zukunftschancen eröffneten.

Die bundesrepublikanische Wirtschafts- und Erwerbsstruktur verschob sich nun beschleunigt zu Lasten des sekundären und zugunsten des tertiären Sektors. Der bereits seit den sechziger Jahren spürbare, in seinen Anfängen freilich auf das erste Drittel des Jahrhunderts zurückgehende säkulare Wandel von der Industrie- zur Dienstleistungsgesellschaft trat in eine neue Phase ein. In den zwei Jahrzehnten zwischen den späten 1960er und den späten 1980er Jahren vollendete sich nicht nur die Marginalisierung der Landwirtschaft; zugleich sank auch der Anteil der im produzierenden Gewerbe Erwerbstätigen von ca. 48% auf ca. 38%, während im selben Zeitraum der Anteil der im tertiären Sektor Tätigen von rund 40% auf über 58% anstieg.

Erwerbspersonen nach Wirtschaftsbereichen 1882–1989

Jahr	Erwerbs-personen insge-samt	Land- und Forstwirtschaft, Tierhaltung, Fischerei		Produzierendes Gewerbe		Handel, Verkehr und sonstige Dienst-leistungen	
	in 1000	in 1000	v. H.	in 1000	v. H.	in 1000	v. H.
Reichsgebiet							
1882	18957	8237	43,4	6396	33,7	4324	22,8
1907	28092	9883	35,2	11256	40,1	6953	24,8
1925	32009	9762	30,5	13239	41,4	9008	28,2
1933	32296	9343	28.9	13053	40,4	9900	30,7
1939	35732	8946	25,0	14580	40,8	12206	34,2
Bundesgebiet							
1939	22189	5373	24,2	8982	40,5	7834	35,3
1950	23489	5196	22,1	10506	44,7	7787	33,1
1961	26821	3587	13,4	12908	48,1	10327	38,5
1971	26802	2203	8,2	13029	48,6	11569	43,2
1980	27904	1403	5,0	11721	42,0	14781	53,0
1989	28826	1066	3,7	10950	38,0	16810	58,3

Quelle: Bevölkerung und Wirtschaft 1872–1972, hrsg. vom Statistischen Bundesamt, Stuttgart u. Mainz 1972, S. 142; Statistisches Jahrbuch 1990, S. 94 f.

Zum einen offenbart die Tabelle die Kontinuität des langfristigen Strukturwandels, dessen Bewegungsrichtung auch die schweren Kriegseinwirkungen nicht veränderten; zum anderen verbirgt sich hinter ihr die Tatsache, daß längst nicht alle Sektoren von der Ölkrise der siebziger Jahre gleichermaßen betroffen waren: Während das produzierende Gewerbe sich zu weitgehenden Rationalisierungsmaßnahmen genötigt sah, um die internationale Wettbewerbsfähigkeit zu wahren, erwiesen sich die Dienstleistungsbranchen als weitgehend unabhängig von den konjunkturellen Zyklen. Die Krise verschärfte somit den langfristigen Trend.

Angesichts des Problemstaus, der sich Ende der siebziger Jahre abzeichnete, vermochte sich der seit 1974 amtierende, sozialdemokratische Bundeskanzler Helmut Schmidt vor allem als kompetenter Krisenmanager zu profilieren. Aber der erneute Sieg bei den Bundestagswahlen vom 5. Oktober 1980 konnte nur kurzfristig überdecken, daß die sozialliberale Koalition zunehmend unter Spannungen litt. Schon 1981, immer offensichtlicher aber im Verlauf des Jahres 1982 drängte sich der Eindruck auf, daß die sozialliberale Koalition ihre Gemeinsamkeiten verbraucht hatte; nach mehr als zwölf Regierungsjahren lag ein neuer „Machtwechsel" in der Luft, der am 1. Oktober 1982 erstmals in der Geschichte der Bundesrepublik durch ein erfolgreiches konstruktives Mißtrauensvotum erfolgte. Die von Außenminister Hans-Dietrich Genscher und Bundeswirtschaftsminister Graf Lambsdorff geführte FDP vollzog einen Koalitionswechsel und eröffnete damit eine lange, schließlich sechzehn Jahre währende Periode der bürgerlich-liberalen Koalitionsregierung. Mit Helmut Kohl, dem früheren rheinland-pfälzischen Ministerpräsidenten, wurde ein stark in der Provinz verhafteter Politiker Bundeskanzler. Während er schon 1976, dann 1983 und auch 1987 konstant gute Wahlergebnisse erzielte, fand er bei den Intellektuellen kaum Beifall. Insbesondere sein durch eine Reihe symbolhafter Gesten geförderter Drang zur Bildung geschichtlichen Bewußtseins und „vaterländischer" Identität wurde von einem Großteil der Medien und der öffentlichen Meinung abgelehnt.

Die Frage, ob es 1982/83 tatsächlich eine „Wende" in Kultur und Politik der Bundesrepublik gegeben habe, ist noch nicht abschließend geklärt und bedarf weiterer Erforschung. Unbestritten ist wohl, daß eine wiederum neue Generation Abschied vom Reformoptimismus der frühen siebziger Jahre nahm. Diese Absage an frühere Modelle gesellschaftlichen Fortschritts vollzog sich in einer doppelten Form. Auf der einen Seite etablierte sich mit den Grünen, die aus der ökologischen Bürger- und Friedensbewegung hervorgingen, eine neue Partei im politischen Spektrum der Bundesrepublik. Den lange Zeit gültigen Paradigmen militärischen Gleichgewichts, wirtschaftlichen Wachstums und politischer Steuerung begegneten sie mit Skepsis und Ablehnung. Auf der anderen Seite standen jene, die in der sich dynamisch ausdifferenzierenden Gesellschaft auch neue Chancen erkannten. Die Spannung zwischen einer Tendenz zur „postindustriellen", „individualisierten" Gesellschaft, zu einer „neuen" Moderne, und der fortbestehenden Grundsatzkritik an der modernen Industriewirtschaft prägte die ganzen achtziger Jahre.

Begünstigt wurde der beschleunigte Strukturwandel durch denjenigen Politikbereich, in dem am ehesten eine „Wende" zu beobachten war: Mit einer angebotsorientierten Wirtschafts- und Sozialpolitik bemühte sich die Regierung Kohl/Genscher erfolgreich um eine Senkung der Staatsquote. Begleitet wurde dieses Ziel von intensiven Debatten, in denen beständig von der „Krise" des Sozialstaats und der Notwendigkeit die Rede war, die Leistungskraft und Verantwortlichkeit des Einzelnen wieder stärker zur Geltung kommen zu lassen. Auch wenn die Veränderungen in der Haushalts-, Steuer- und Sozialpolitik nicht überschätzt werden dürfen, so schien es doch gegen Ende der achtziger Jahre, als ob sich ein dauerhafter wirtschaftspolitischer Erfolg eingestellt habe. Erstmals seit den siebziger Jahren wurden wieder Zuwachsraten von über drei Prozent erzielt, und erstmals gelang auch wieder die leichte Reduzierung der Arbeitslosenquote.

Trotz der sich erholenden Konjunktur geriet der Kanzler selbst zu Beginn des Jahres 1989 in seine schwerste Krise. Mehrfach wurde im Verlauf der ersten Jahreshälfte darüber spekuliert, ob die CDU ihren ersten Mann auswechseln könne, um sich für die kommenden Bundestagswahlen bessere Aussichten zu sichern. Vor dem Versuch, Kohl durch einen offenen Aufstand zu stürzen, schreckten die innerparteilichen

Gegner um den baden-württembergischen Ministerpräsidenten Lothar Späth und den entlassenen Generalsekretär Heiner
Geißler jedoch zurück. Nach dem Bundesparteitag der CDU
in Bremen im September 1989 saß Kohl wieder fest im Sattel,
und binnen kurzem stellten die sich überschlagenden Ereignisse in der DDR alles andere in den Schatten.

VI. Ende des „Sonderwegs"?
Das deutsche Jahr 1989/90

Es gehört zu den Ironien in der deutschen Geschichte, daß die
„alte" Bundesrepublik eben in jenem historischen Augenblick
an ihr Ende gelangte, als sich die Überzeugung durchgesetzt
hatte, sie habe ihren ursprünglichen Status als teilstaatliches
„Provisorium" definitiv überwunden. Die achtziger Jahre sahen erstmals eine Generation heranwachsen, welche die Teilung Deutschlands als eine Art historischer Normalität emp-
fand und mit dem westlichen Ausland meist vertrauter war als
mit der „fernen" DDR hinter dem Eisernen Vorhang. Es
mehrten sich die Anzeichen, daß die Bundesrepublik ihre Teil-
staatlichkeit internalisiert hatte und auf ihrer Grundlage eine
eigenständige Identität und Tradition entstand. In den achtziger Jahren begann die Bundesrepublik ihre eigene Geschichte
im Museum auszustellen; im Bonner Regierungsviertel orien-
tierte sich die neue Architektur an einer auf Dauer angelegten Hauptstadtfunktion, und der politisch-historische Diskurs
betonte die Notwendigkeit, im Rahmen des westlichen Bünd-
nisses auch als Teilstaat eine eigene Staatsräson zu entwickeln.
Schließlich erlebte die Bundesrepublik mit dem Besuch Erich
Honeckers im Jahre 1987 auch den ersten offiziellen Auftritt
eines Parteichefs der SED.
   Demgegenüber erkannte man im Westen nur langsam, daß
der Amtsantritt Gorbatschows 1985 eine historische Zäsur
markierte, die auch die vermeintlich klaren Strukturen des
Ost-West-Konfliktes in Frage stellte. Immer deutlicher zeich-

nete sich ab, daß Gorbatschows innenpolitische Reformen und außenpolitische Verständigungsbereitschaft einen tiefgreifenden Wandel einleiteten. Und als die sowjetische Führung unter Gorbatschow die Breschnew-Doktrin außer Kraft setzte und damit den Staaten des Warschauer Paktes das Recht auf nationale Selbstbestimmung zugestand, geriet der gesamte Ostblock in Bewegung.

Ganz unmittelbare Folgen hatte der sowjetische Kurswechsel auch für die DDR. Zum einen konnte sich die im Verlauf der achtziger Jahre ohnehin offener agierende Opposition durch die Reformen Gorbatschows ermutigt fühlen; zum anderen verhärtete sich die Haltung der stark überalterten SED-Führung. Honecker und seine Gefährten dürften das Legitimationsdefizit ihrer Herrschaft zweifellos gekannt und daher einen grundlegenden Demokratisierungsprozeß als um so gefährlichere Bedrohung ihres Machtmonopols empfunden haben. Hinzu kam der in den achtziger Jahren unaufhaltsame wirtschaftliche Niedergang der DDR. Er ließ jegliche früher einmal gehegte Illusion, die Wirtschaftskraft der Bundesrepublik übertrumpfen zu können, völlig absurd erscheinen. Alle diese Faktoren setzten seit Mitte der achtziger Jahre einen zunehmenden Delegitimationsprozeß der DDR in Gang. Bei fortbestehender personeller Kontinuität an der SED-Spitze kritisierte die stark von der evangelischen Kirche getragene, unabhängige Friedens- und Ökologiebewegung die politischen und gesellschaftlichen Verhältnisse der DDR offener denn je. Die dadurch bewirkte Spannung äußerte sich auf der einen Seite in einem stetig wachsenden Ausreisedruck; auf der anderen Seite standen spektakuläre Ereignisse wie der Versuch einer unabhängigen Demonstration aus Anlaß des Jahrestages der Ermordung Rosa Luxemburgs am 17. Januar 1988 oder im Mai 1989 der deutlich und offen artikulierte Protest gegen die gefälschten Ergebnisse der Kommunalwahlen.

Die Verhältnisse spitzten sich freilich erst durch einen zunächst nur wenig beachteten Vorgang zu: Am 2. Mai 1989 begann Ungarn – in konsequenter Anwendung der neugewonnenen Bewegungsfreiheit – mit dem Abbau der Sicherungsanlagen an der Grenze zu Österreich. Damit war das Ende des Eisernen Vorhangs eingeläutet. Und als die Budapester Regierung seit September die ungarische Westgrenze schrittweise öffnete, wurde diese für das Heer der ausreisewilligen DDR-Bürger zum Nadelöhr in die Freiheit. Innerhalb weniger Wochen setzte sich aus der DDR eine Fluchtbewegung in Bewegung, die phasenweise einem Massenexodus gleichkam. Diejenigen, die den Weg über Ungarn und Österreich in die Bundesrepublik nicht schafften, suchten Zuflucht in den bundesrepublikanischen Botschaften in Prag und Warschau. Erst nach zähen Verhandlungen gelang es Außenminister Genscher Ende September, von der DDR-Führung die Zustimmung zur Ausreise der „Botschaftsflüchtlinge" zu erhalten. Doch kaum waren die ersten rund 6800 DDR-Bürger, die in den völlig überlasteten Botschaften Zuflucht gefunden hatten, in die Bundesrepublik gebracht worden, füllten sich die Botschaften erneut mit Tausenden von ausreisewilligen Flüchtlingen. Als auch diese am 4. Oktober 1989 in Sonderzügen der Reichsbahn durch das Territorium der DDR nach Westen ausreisten, kam es am Dresdner Hauptbahnhof zu Tumulten. Der Ausreise- und Flüchtlingsdruck erzeugte nun eine revolutionäre Welle, die das SED-Regime unter sich begrub.

Seit August 1989 gründeten sich in der DDR selbst offizielle Oppositionsparteien und Bürgerrechtsgruppen wie die „Sozialdemokratische Partei in der DDR", der „Demokratische Aufbruch" und das „Neue Forum". Zugleich begannen seit Anfang September die sogenannten Leipziger „Montagsdemonstrationen", die ein immer größeres Ausmaß annahmen und deren Teilnehmer in einem ganz direkten Sinne für das Recht auf politische Partizipation eintraten. Die SED war im Begriff, ihr politisches Macht- und Meinungsmonopol zu verlieren – eine Erkenntnis, die viele in der DDR ermutigte und der revolutionären Welle zusätzliche Schubkraft verlieh. Die Feierlichkeiten des SED-Regimes zum 40. Gründungstag der DDR am 7. Oktober 1989 fanden denn auch in einer fast gespenstischen Atmosphäre statt.

Der Sturz Honeckers am 17./18. Oktober änderte die Bewegungsrichtung nicht mehr, und als am 9. November 1989, unter dem Druck fortdauernder Massendemonstrationen und infolge einer mißverständlichen Äußerung des ZK-Sekretärs für Information, Günter Schabowski, die Mauer unter dem ungeheuren Jubel der Menschen in Ost wie West geöffnet wurde, war die bedeutendste Wendung der deutschen Geschichte seit 1945 Realität geworden.

Für die Bundesrepublik – und den ganzen Westen – kamen der Fall der Mauer und der Zusammenbruch der DDR völlig überraschend. Es gab dafür auch keinerlei konzeptionelle Vorüberlegungen. Erst ganz allmählich, als sich in Leipzig und anderswo unter den Ruf „Wir sind das Volk" die Parolen „Wir sind ein Volk" und „Deutschland einig Vaterland" mischten, geriet das Thema der Wiedervereinigung auf die politische Tagesordnung. Solche Strömungen aufnehmend, legte Bundeskanzler Kohl am 28. November 1989 im Bundestag ein deutschlandpolitisches „Zehn-Punkte-Programm" vor. Mit den westlichen Verbündeten im Vorfeld nicht abgesprochen, entfaltete das Programm weitgehende Perspektiven bis hin zu einer Konföderation beider deutscher Staaten und einer späteren staatlichen Einheit, freilich im Einklang mit der Einigung Europas. Im innerdeutschen Dialog hatte die Bundesregierung damit die deutschlandpolitische Initiative gewonnen, die am 19. Dezember zunächst in das Projekt einer „Vertragsgemeinschaft" mit der DDR mündete. Aber auch die neue Regierung unter dem SED-Reformer Hans Modrow konnte den Verfall der DDR nicht aufhalten, so daß die Perspektive einer schnellen Wiedervereinigung immer näher rückte. Das Grundgesetz sah hierfür zwei Möglichkeiten vor: entweder eine staatliche Neugründung mit neuer Verfassung und Volksabstimmung nach Art. 146 oder den Beitritt der DDR zum Gebiet der Bundesrepublik nach Art. 23.

In der Folgezeit koinzidierten drei dynamische Prozesse, die schließlich am 3. Oktober 1990 in den Beitritt der DDR nach Art. 23 GG mündeten. Erstens schälte sich in der DDR immer deutlicher der Wille zur schnellen staatlichen Einheit und damit zur Wiedervereinigung heraus; ihren stärksten Ausdruck fand diese Entwicklung in den ersten (und letzten) freien Wahlen zur Volkskammer am 18. März 1990, bei denen die den Beitritt favorisierende „Allianz für Deutschland" mehr als 47 % der gültigen Stimmen auf sich vereinte. Durch dieses Votum in ihrer Haltung bestärkt, strebte zweitens auch die Bundesregierung nach einer möglichst raschen Vereinigung, schien sich doch im Jahre 1990 ein „window of opportunity" zu öffnen. In enger Abstimmung mit den Siegermächten, v. a. mit den USA unter Präsident George Bush und der Sowjetunion unter Gorbatschow, wurden daher drittens mit den sogenannten Zwei-plus-Vier-Gesprächen die diplomatischen Voraussetzungen für die Wiedervereinigung geschaffen. Schon am 18. Mai 1990 konnte die Bundesregierung mit der neugewählten Regierung der DDR unter Ministerpräsident Lothar de Maizière den Vertrag über die Wirtschafts-, Währungs- und Sozialunion schließen, der am 1. Juli 1990 in Kraft trat. Und am 20. September ratifizierten Bundestag und Volkskammer im Simultanverfahren den Einigungsvertrag zwischen beiden deutschen Staaten, der die rechtlichen Bedingungen des Beitritts der DDR nach Art. 23 GG regelte. Faktisch waren es dann die kurz zuvor neugegründeten ostdeutschen Länder, die am 3. Oktober dem Territorium der Bundesrepublik und dem Geltungsbereich des Grundgesetzes beitraten. Die ersten Wahlen zu einem gesamtdeutschen Bundestag am 2. Dezember 1990 besiegelten das Vereinigungswerk.

Tatsächlich schufen die Währungsunion, der Einigungsvertrag, schließlich der Beitritt selbst die Voraussetzungen dafür, daß binnen kurzem das gesamte politische, ökonomische und rechtliche System der Bundesrepublik auf das Gebiet der früheren DDR ausgedehnt wurde. Von nicht wenigen – in Ost und West – ist dies scharf kritisiert worden; der Spottbegriff des „Besserwessi" oder auch das polemische Wort vom „Anschluß" zeugten von einem fortbestehenden Unbehagen, das zunächst auch von manchen ausländischen Beobachtern geteilt wurde. Andererseits schuf die Übertragung des bundesdeutschen Verfassungs-, Rechts- und Wirtschaftssystems eine notwendige Voraussetzung für die dringend erforderliche Stabilisierung Ostdeutschlands. Eine lange und quälende Grundsatzdebatte über eine neue Verfassung wäre einer solchen Stabilisierung abträglich gewesen. Zwar führten die nüchterne Rationalität und mitunter auch administrative Kälte, die das Heer westdeutscher Politiker, Beamten, Juristen und sonstiger Experten in den neuen Bundesländern begleiteten, wohl unvermeidlich zu Enttäuschungen. Auch konnten die ostdeutschen Vertreter der Generation der über Fünfzigjährigen den Eindruck erhalten, um den Ertrag eines langen Arbeitslebens gebracht worden zu sein. Aber kaum zu bestreiten ist, daß die Wiedervereinigung von den allermeisten gewollt und begrüßt und daß mit ihrer raschen Verwirklichung die Gunst eines weltgeschichtlichen Augenblicks genutzt wurde. Das deutsche Jahr 1989/90 steht für eine friedliche Revolution und einen gewaltigen Prozeß der Anstrengung und Anpassung an die neuen staatlichen Gegebenheiten. Damit hat der Beitritt der DDR zur fest in der westlichen Wertegemeinschaft verankerten Bundesrepublik den deutschen Sonderweg im 20. Jahrhundert auch im östlichen Teil Deutschlands beendet. Seiner selbst nicht sicher, von tiefen Gegensätzen zerrissen und doch so hoffnungsfroh in das Jahrhundert eingetreten, sich über seine Nachbarn erhebend, als Großmacht gescheitert, schließlich der Hybris und dem Rassenwahn verfallen, war der deutsche Nationalstaat 1945 scheinbar an sein Ende gelangt. 1990 erhielt er innerhalb eines sich einigenden Europas eine neue Chance. Und tatsächlich scheint es, als ob das vereinigte Deutschland gefestigt in das neue Jahrhundert tritt. Befürchtungen, die Restitution eines deutschen Nationalstaats in der Mitte Europas werde alte Tendenzen zur Schaukelpolitik zwischen West und Ost oder sonstige „Sonderwegs"-Versuchungen wiederbeleben, haben sich bislang jedenfalls nicht bewahrheitet. Auch die „Berliner Republik" hat ihren festen Platz im westlichen Bündnis; Deutschland als Ganzes ist nach einem langen und schmerzhaften, das gesamte 20. Jahrhundert über währenden Prozeß „westlich" geworden.

Epilog: Von den „Golden Achtzigern"
zur Krise der Neunziger?

Von der Mitte der achtziger Jahre bis zum Jahr der Einheit 1990 konnte die Bundesrepublik Deutschland eine erfolgreiche Bilanz verzeichnen. Seit 1986/87 hatte es einen nachhaltigen Wirtschaftsaufschwung gegeben, der die Arbeitslosigkeit reduzierte und die Finanzkraft des Staates stärkte. Der Zusammenbruch der DDR traf also auf eine boomende Bundesrepublik, deren Wachstum sich infolge der Vereinigungskonjunktur noch einmal verstärkte. Gab es also so etwas wie eine kurze Periode „goldener" achtziger Jahre, so waren die neunziger Jahre eher eine Dekade der Krise, der offenen Fragen und der neuen Probleme. In einem eher vordergründigen Sinne betrifft dies die finanziellen Belastungen, die aus der Wiedervereinigung und dem Prozeß der inneren Einigung resultierten. Das Ausmaß des ökonomischen Zusammenbruchs in der früheren DDR – beschleunigt durch das Wegbrechen der ostmittel- und osteuropäischen Exportmärkte – ist zweifellos unterschätzt worden, und seine Folgen waren und sind nur durch erhebliche finanzielle und soziale Transferleistungen abzumildern. Die Notwendigkeit zu deren Finanzierung koinzidierte aber – und darin liegt die tiefere Bedeutung der Krisenerfahrung seit Mitte der neunziger Jahre – nicht nur mit einem empfindlichen Rückgang des Wirtschaftswachstums, sondern vor allem auch mit einem beschleunigten gesellschaftlichen Modernisierungsprozeß. Nichts könnte das Tempo des Wandels besser illustrieren als die Überlegungen, die das Kabinett Kohl/Genscher nach den gewonnenen Bundestagswahlen vom 2. Dezember 1990 zur Finanzierung der deutschen Einheit anstellte. Im Januar 1991 beschloß es, den Telefontakt um einige Sekunden zu verkürzen, um die dadurch erzielten Mehreinnahmen der Bundespost in die innere Einheit zu investieren. Bedenkt man, welche Entwicklung das inzwischen vollprivatisierte Telekommunikationswesen seitdem genommen hat, so wird die Geschwindigkeit des Umbruchs ebenso schlagartig deutlich wie die Untauglichkeit des damaligen Vorschlags.

Die neue Bundesrepublik steht also, wie die anderen europäischen Industriestaaten auch, vor der Notwendigkeit, eine forcierte, auf EDV und Informationstechnik beruhende technische, ökonomische und gesellschaftliche Modernisierung und „Globalisierung" so auszutarieren, daß ihr deren „soziale Kosten" nicht über den Kopf wachsen. Hierzu gehört insbesondere eine Neudefinition jener Aufgaben, die der Staat künftig zu erfüllen hat, wie auch jener Bereiche, aus denen er sich vertretbar zurückziehen kann. Noch wird über Grenzen und Finanzierung, Reformbedürftigkeit und „Umbau" des Sozialstaats intensiv debattiert. Es ist weiterhin eine offene Frage, was eine Gesellschaft, in der der einzelne einem geradezu gebieterischen „Individualisierungs"-Prozeß unterworfen ist, eigentlich zusammenhält. Die fortgesetzte Suche nach neuen Formen der Vergesellschaftung oder auch der staatlichen Intervention jenseits der traditionellen, häufig erodierenden Institutionen und Konventionen deutet an, daß sich hier ein Vakuum auftut.

Vieles spricht daher dafür, daß die Bundesrepublik, wie hundert Jahre zuvor das Kaiserreich, in eine Epoche eintritt, in der historisch gesättigtes Erfahrungs- und Orientierungswissen nicht ausreicht, um die Probleme der Zukunft zu lösen. Eben hier könnten neue, bisher unbekannte Gefahren für Freiheit und Demokratie lauern. Denn gegen jene Gefährdungen, die in der Vergangenheit wirksam waren, dürfte die Deutschen die bittere totalitäre Erfahrung des 20. Jahrhunderts weitgehend immunisiert haben. Aber kommende Gefahren werden aller Wahrscheinlichkeit nach mit jenen neuartigen Prozessen zusammenhängen, die unser „postmodernes" Zeitalter kennzeichnen. Nach der demokratischen Erfolgsbilanz der „alten" Bundesrepublik und dem alles in allem gelungenen Start ihrer „dritten" Republik sind die Deutschen daher mehr denn je aufgefordert, wachsam zu sein und möglichen Irr- und Sonderwegen rechtzeitig einen Riegel vorzuschieben.

Literaturhinweise

Adolf Birke, Nation ohne Haus. Deutschland 1945–1961, Berlin 1989.

Karl Dietrich Bracher, Die deutsche Diktatur. Entstehung, Struktur, Folgen des Nationalsozialismus, 4. Aufl. Köln 1972.

Karl Dietrich Bracher, Theodor Eschenburg, Joachim Fest und Eberhard Jäckel (Hrsg.), Geschichte der Bundesrepublik Deutschland:

    Bd. 1: Theodor Eschenburg, Jahre der Besatzung 1945–1949, Stuttgart u. Wiesbaden 1983.

    Bd. 2: Hans-Peter Schwarz, Die Ära Adenauer. Gründerjahre der Republik 1949–1957, Stuttgart u. Wiesbaden 1981.

    Bd. 3: Ders., Die Ära Adenauer. Epochenwechsel 1957–1963, Stuttgart u. Wiesbaden 1983.

    Bd. 4: Klaus Hildebrand, Von Erhard zur Großen Koalition 1963–1969, Stuttgart u. Wiesbaden 1984.

    Bd. 5/I: Karl Dietrich Bracher/Wolfgang Jäger/Werner Link, Republik im Wandel 1969–1974. Die Ära Brandt, Stuttgart u. Mannheim 1986.

    Bd. 5/II: Wolfgang Jäger u. Werner Link, Republik im Wandel 1974–1982. Die Ära Schmidt, Stuttgart u. Mannheim 1987.

Ursula Büttner, Weimar: Die überforderte Republik, 1918–1933. Leistung und Versagen in Staat, Gesellschaft, Wirtschaft und Kultur, Stuttgart 2008.

Michael Burleigh, Die Zeit des Nationalsozialismus. Eine Gesamtdarstellung, Frankfurt am Main 2000.

Eckart Conze, Die Suche nach Sicherheit. Eine Geschichte der Bundesrepublik Deutschland von 1949 bis in die Gegenwart, München 2009.

Gordon A. Craig, Deutsche Geschichte 1866–1945. Vom Norddeutschen Bund bis zum Ende des Dritten Reiches, München 1980.

Richard J. Evans, Das Dritte Reich, 3 Bde. München 2005–2009.

Norbert Frei, Der Führerstaat. Nationalsozialistische Herrschaft 1933–1945, 5. Aufl. München 1997.

Saul Friedländer, Das Dritte Reich und die Juden. Die Jahre der Verfolgung 1933–1939, München 1998.

Manfred Görtemaker, Geschichte der Bundesrepublik Deutschland. Von der Gründung bis zur Gegenwart, München 1999.

Ludolf Herbst, Das nationalsozialistische Deutschland 1933–1945, Frankfurt am Main 1996.

Klaus Hildebrand, Das Dritte Reich (Oldenbourg Grundriß der Geschichte 17), 4. Aufl. München 1991.

Ian Kershaw, Der NS-Staat. Geschichtsinterpretationen und Kontroversen im Überblick, 3. Aufl. Reinbek bei Hamburg 1994.

Peter Graf Kielmansegg, Nach der Katastrophe. Eine Geschichte des geteilten Deutschland, Berlin 2000.

Eberhard Kolb, Die Weimarer Republik, 5. Aufl. München 2000.

Horst Möller, Weimar. Die unvollendete Demokratie, 6. Aufl. München 1997.

Horst Möller, Volker Dahm, Hartmut Mehringer (Hrsg.), Die tödliche Utopie. Bilder, Texte, Dokumente, Daten zum Dritten Reich, München 1999.

Hans Mommsen, Die verspielte Freiheit. Der Weg der Republik von Weimar in den Untergang 1918–1933, Berlin 1989.

Rudolf Morsey, Die Bundesrepublik Deutschland. Entstehung und Entwicklung bis 1969 (Oldenbourg Grundriß der Geschichte 19), 3. Aufl. München 1995.

Thomas Nipperdey, Deutsche Geschichte 1866–1918, 2 Bde., München 1990/92.

Paul Nolte, Die Ordnung der deutschen Gesellschaft. Selbstentwurf und Selbstbeschreibung im 20. Jahrhundert, München 2000.

Detlev Peukert, Die Weimarer Republik 1918–1933. Die Krisenjahre der Klassischen Moderne, Frankfurt am Main 1987.

Gerhard A. Ritter, Über Deutschland. Die Bundesrepublik in der deutschen Geschichte, München 1998.

Andreas Rödder, Deutschland einig Vaterland. Die Geschichte der Wiedervereinigung, München 2009.

Andreas Rödder, Die Bundesrepublik Deutschland 1969–1990 (Oldenbourg Grundriß der Geschichte 19a), München 2004.

Axel Schildt u. Arnold Sywottek (Hrsg.), Modernisierung im Wiederaufbau. Die westdeutsche Gesellschaft der 50er Jahre, Bonn 1993.

Hans-Peter Schwarz, Vom Reich zur Bundesrepublik. Deutschland im Widerstreit der außenpolitischen Konzeptionen in den Jahren der Besatzungsherrschaft 1945–1949, 2. Aufl. Neuwied u. Berlin 1980.

Reinhard Spree (Hrsg.), Geschichte der deutschen Wirtschaft im 20. Jahrhundert, München 2001.

Dietmar Süß u. Winfried Süß (Hrsg.), Das „Dritte Reich". Eine Einführung, München 2008.

Hans-Ulrich Thamer, Verführung und Gewalt. Deutschland 1933–1945, Berlin 1986.

Hans-Ulrich Wehler, Deutsche Gesellschaftsgeschichte, Bd. 5: Bundesrepublik und DDR 1949–1990, München 2008.

Hans-Ulrich Wehler, Deutsche Gesellschaftsgeschichte Band 4: Vom Beginn des Ersten Weltkriegs bis zur Gründung der beiden deutschen Staaten 1914–1949, München 2003.

Heinrich August Winkler, Der lange Weg nach Westen, 2 Bde., München 2000.

Heinrich August Winkler, Weimar 1918–1933. Die Geschichte der ersten deutschen Demokratie, München 1993.

Andreas Wirsching, Abschied vom Provisorium 1982–1990 (Geschichte der Bundesrepublik Deutschland 6), München 2006.

Andreas Wirsching, Die Weimarer Republik. Politik und Gesellschaft (EDG 58), München 2000.

Edgar Wolfrum, Die geglückte Demokratie. Geschichte der Bundesrepublik Deutschland von ihren Anfängen bis zur Gegenwart, Stuttgart 2006.

Edgar Wolfrum (Hrsg.), Die Deutschen im 20. Jahrhundert, Darmstadt 2004.

Personenregister

Adenauer, Konrad 88, 90–93, 103 f.

Bachem, Julius 12
Baden, Prinz Max von 33–35
Bahr, Egon 110
Barzel, Rainer 105
Beck, Ludwig 77
Bethmann Hollweg, Theobald von 24, 30
Bismarck, Otto von 16, 20, 103
Blomberg, Werner von 61, 75
Bormann, Martin 67
Bose, Herbert von 62
Brandt, Willy 106, 108–112
Bredow, Ferdinand von 62
Breschnew, Leonid 118
Briand, Aristide 42
Brüning, Heinrich 50–52
Bush, George 121

Chamberlain, Neville 76
Churchill, Winston 80
Claß, Heinrich 19

Dahrendorf, Ralf 100
Darré, Richard Walther 71
Dehler, Thomas 90
Doerry, Martin 9
Dutschke, Rudi 107

Ebert, Friedrich 35–37, 41, 43
Enzensberger, Hans Magnus 107
Erhard, Ludwig 104–106
Erzberger, Matthias 41, 43

Falkenhayn, Erich von 28 f.
Foch, Ferdinand 32
Franz Ferdinand, Erzherzog von Österreich 23
Frick, Wilhelm 56, 68

Friedländer, Saul 73
Fritsch, Werner Freiherr von 75

Galens, Clemens Graf von 65
Geiger, Theodor 101
Geißler, Heiner 117
Genscher, Hans-Dietrich 111, 115 f., 119, 123
Goebbels, Joseph 66, 73
Goerdeler, Carl 84
Gorbatschow, Michail 112, 117 f., 121
Göring, Hermann 56, 66 f., 73,
Groh, Dieter 18

Hammerstein-Equord, Kurt von 61
Hegel, Georg Wilhelm Friedrich 14
Henlein, Konrad 76
Hertling, Georg Graf 30, 32
Heuss, Theodor 86, 88, 90, 104
Heydrich, Reinhard 62, 68, 82
Hilberg, Raul 72
Himmler, Heinrich 62, 68, 82
Hindenburg, Oskar von 55
Hindenburg, Paul von 28–31, 40, 50, 52 f., 55, 61, 63
Hitler, Adolf 43, 49–51, 53–64, 66–69, 73–85, 98
Honecker, Erich 117 f., 120
Hugenberg, Alfred 43 f., 56 f., 60

Jung, Edgar Julius 62

Kahr, Gustav von 62
Keitel, Wilhelm 75
Kennan, George F. 29
Kiesinger, Kurt Georg 105 f.
Kleßmann, Christoph 87
Kohl, Helmut 111, 113, 115–117, 120, 123